決して諦めない

知恵と工夫で
住民要求
実現を

千葉・我孫子市議
9期36年
吉松 千草
Yoshimatsu Chigusa

光陽出版社

はじめに

本書『決して諦めない―知恵と工夫で住民要求実現を』を出版しようと思い立ったきっかけは、私が九期三十六年の議員を退職して四、五年たった二〇一二年ころのことです。夫は、今年三月に亡くなりましたが、「我孫子市の民主運動や共産党の活動は素晴らしいものがある。しかし、その記録がないので、今のうちに書き残しておくべきだ」と常々言っていたことが気になっていました。

我孫子市は、古くから志賀直哉、武者小路実篤、柳宗悦など「白樺派」の人たちや多くの文化人が住んでいたこともあり、手賀沼に競艇場を誘致することはふさわしくないと、反対する運動が盛り上がり、阻止した歴史がありました。その後、千葉県下で初めての民主的な市政実現のために、大きな影響を与えました。

　これらの運動の中で、当時の労働運動でも頑張り、第一号の共産党町議となった関根平治さんたちの活躍は大きなものがありました。そこから民主市政へとつながっていくのですが、私はこうした経緯については、断片的に聞き及んでいましたが、書き残すことは考えていなかったのです。

　夫からは、「関根平治さん、川村一男さんと一緒に議員活動をしたのはあなたしかいないのだから、少しでも覚えているうちに書いてみては」と言われていました。

　私も、大切なことだと思い、夫に賛同することにしました。当時、関根さんたちと労働運動でがんばった池ノ谷さんに話すと、一度集まって相談を始めようと話していたのですが、池ノ谷さんは東葛病院友の会の会長を引き受けるなどしているうちに急逝されてしまいました。困っていると夫は、あなたが議員を勤めた時期は、民主市政に引き継がれた時代だから、その間のことだけでも記録に残したらというのです。

　私は、記録したりまとめることは、まったく得意ではないのですが、「あなたが関わったことを書いてみたら」というので、気が楽になり、夫と二人三脚で書き始めることになりました。

そのうち、九期三十六年の議員活動も書いておくべきと、いろいろの方から勧められていたので、私自身の生い立ちも書いてみようと、欲張った方向になってしまいました。

ところが、それから間もなく、夫の様子がおかしくなり、認知症と診断されました。

一方、雑誌に長くかかわってきたNさんに、かねてから「あなたの自分史を書いたら」と勧められていましたので、お願いしようとしたところ、夫が承知せず「自分がやる」と言っているうちに、Nさんも急逝されてしまいました。また、ある方に少し手伝っていただきながら、夫の気持ちを損ねないように進めようと考えていました。しかし、夫の病は進み、膵臓癌も患い、看病に追われるなか、私一人では無理だと考えこんでしまいました。

しかし、夫がやりたかったことです。そして、我孫子の民主運動や共産党の活動を少しでも記録に残すことは大切なことだと思いますので、書くことは苦手でも、人に頼ることをやめ、自分自身が頑張らないとできないと強く思うようになり、戦前から生き抜いてきた記録を残すことに挑戦しようと思いました。

決して諦めない——もくじ

私の議員活動

一九七〇年 湖北台団地へ入居

一九六〇年の安保反対運動の終息のあと、全国の労働運動は盛り上がりをみせ、日本共産党の党員も一気に増えてきました。夫はよく勉強していましたので、北九州の八幡市で、労働学校の先生となって活動するようになっていました。それを見込まれたのか、日本共産党中央委員会の勤務員として転勤になり、東京へ行くことになったのです。

一九六七年三月、私たち一家は、東京に住むことになりました。吉松は三十四歳、私が三十二歳でした。子どもは、長男が四年生になり、長女は三歳でした。

長男は、生まれつきの弱視で、北九州では北九州盲学校に通っていました。東京に引っ越すことになって調べてみると、葛飾区の普通学校（住吉小学校）の中に、唯一、弱視教室が開かれていることを知り、そこに長男を通わせるため、葛飾区高砂に住むことなりました。

私のほうは、東京での仕事を探していて、足立区で学童養護員を募集しているというので、応募して働き始めました。学校は夏休みがあるので、通信制大学に行くことを決めていた私には好都合なのです。

八幡市では、市役所の臨時職員をしていましたので、公務員試験を受けようとしましたが、年齢オーバーでした。しかし、現業職は「可」ということなので、職種変更試験を受け、福祉のケースワーカーになりたいと思って、法政大学法学部の通信制に入学しました。ところが、東京での生活のなかで、三歳の娘が喘息になってしまい、どこか空気の良いところを探すようになりました。

一九七〇年、我孫子の湖北台団地に転居することになりました。すると、娘の喘息はみるみる良くなり、豊かな自然環境の中で、ザリガニやオタマジャクシをとったりしながら、すっかり元気になりました。

しかし、親は大変でした。およそ二五〇〇戸の大型団地の住民が一挙に増えたのですから、保育園もまだ間に合わず、学校には体育館もプールもないし、通勤には超不便というところでした。

JR成田線の運行本数は少なく、保育園もないので、娘を埼玉県の幸手にいる叔母のところで、幼稚園が始まるまでの二週間を預かってもらうことになりました。

娘を連れての初出勤の朝、湖北駅に行くと、列車で通路はふさがれていて、息せききって列車の後ろをまわり、線路を越えて乗車口のあるホームによじ登ると、ホームは通勤者で溢れ、どうしようかと途方に暮れていると、列車の窓から、「娘と荷物を早く渡せ、母ちゃんは早く入口へ行け」と言ってくれる人がいて、娘と荷物をその人に列車の窓から託し、デッキの手すりにしがみつくと、ドアは閉め

当時の仲良し兄妹

られないまま発車したので、後ろから誰かが私の服の後ろ襟をしっかりと捕まえていてくれ、やっとのことで我孫子駅に着く始末でした。まるで終戦直後の買い出し列車のようでした。

日本は当時、戦後の高度成長期の真っただ中にあって、各地に大型団地が建設され、大量の住民が移動しましたが、周囲の環境は追いつかず、こんな状況が各地であったのです。

保育園をつくろう　市議への道

私はすぐに、こんな状況をなんとかしなければと考え、まず入居者の有志、とくに「赤旗」読者で環境改善の運動を始めようと思いました。それには、議員を出して、住民の要求を、我孫子の議会へ届けなくてはということになりました。しかし、当時の我孫子町の歳費は三万五千円ほどで、公団の家賃は一万四千円、家族をもつ男性は、とても出られないということになり、私に要請がきました。さんざん断っても説得されてしまいました。

大学のほうは、子育ても、仕事もしながら、四年足らずで一二四単位中、論文四単位と、時間がとれず、受けにくい体育系の実習単位などを残し、九八単位までとれましたので、もう一息と思っていたところでした。

しかし、将来は福祉のケースワーカーになりたいと思っていたこともあり、役に立てればと、清水の舞台から飛び降りる思いで、要請を引き受けることにしました。

一九七〇年七月に我孫子市に市政がしかれ、それにともない行われた市長選と同時に戦われた補欠選挙に出ることになりました。一九七〇年四月に湖北台団地に入居、十一月には補選に出るという慌ただしさです。

補選は、定員二名で立候補が三名、私は一年後の本選挙に向けて政策を宣伝する役目としての立候補でした。

我孫子町には、当時二名の共産党の議員がいました。その二人の議員がいろいろ準備してくれ、まだ団地の周囲にほとんど家が建っていない中に、選挙事務所ができました。一坪ほどの掘っ立て小屋です。皆驚きました。団地の人は勤めが忙しく、事務所に人はほとんど来られず、となりの流山市の吉野議員が、車の運転ができるといって手伝いに来てくれ、のちに衆議院議員になった、弁護士の柴田睦夫さんが弁士となり、候補者の私と三人で、我孫子市の地図などまったくといっていいほどわからないまま、宣伝カーで移動しました。

共産党の関根平治議員は、「我孫子市は馬の背骨に当たるところに成田線が通っている細長い町、それに沿って成田街道があるから、そこから出たり入ったりして宣伝カーを回せばいい」と指示してくれ、行き止まりに入り込んだり、ぬかるみにはまりながら、柴田先生と私で泥まみれになって車を押したり、悪戦苦闘でした。柴田さんはその後、私に会うといつも、「あの弥次喜多道中は忘れないよ」と笑って言います。

結果は、それぞれの市長候補の陣営が推す二人の議員が当選しました。得票はそれぞれ七〇〇〇票なのに対し、私には五〇〇〇票も入ったのです。ほんとうに皆が驚きました。はじめから当選することなど考えていなかったので、関根議員は、「もう少し頑張れば良かったなあ」と悔しがっていました。しかし私は、補欠選挙に落選して、悔しいどころかほっとしていたのです。勉強する時間がもてたからです。

考えてみれば、私はまだ我孫子に来て半年余、毎日北千住まで仕事に通い、団地自治会の結成や、保育問題、交通対策などの取り組みに忙しく、我孫子のことはよくわかっていませんでした。

まず、一番切実な問題である保育園がないため、困ったお母さんたちと、子ども連れで役場に陳情に行くと、近くにいたある議員が、「あんたたち、自分でヒリ出した子を役場で預かれというのか」などと言うありさまで、今も忘れられません。

困り果てた私たちは、団地の集会所で保育を始めました。しかし、団地の住民は何も言わないのに、団地の外に住んでいる民生委員が、「集会所は、団地の人みんなが使うものだから、使ってはいけない」と言い出し、市長には、公団に止めさせるようにと申し出ていたのです。

そこで私たちは、保育園ができるまでの間、集会所を使う許可を公団から取ってほしいと市長に申し出ました。市長は、民生委員との板ばさみになり、困難はありましたが、公団と交渉し、許可を取り付けてくれました。

団地の人でない当時の民生委員をはじめ、女が外に出て働くことに反対の人たちもいて、執拗に集会所の使用反対は続きました。

このような状況で、私たちにとって、保育は重要な問題でした。その他、通勤難、学校には体育館もプールない、水道料金が高いなど、問題は山積していました。目の前の問題の解決のために必死でした。そうしたなかで関根平治議員、川村一男議員からいろいろ教わることができました。

一年後、本選挙へ

湖北台団地の住民の増加により、我孫子市政がしかれ、一年後の一九七一年（昭和四十六年）十一月に、関根議員と川村議員が私のところへ来て、もう一度立候補をするように説得されたのです。二人がいるから、大船に乗ったつもりでやればいいというので、一大決心をして引き受けました。

問題は選挙事務所でした。当時は、湖北台団地に入居して一年ちょっと、周辺にはまだ家も建っていなくて、借りる家もありません。それに仮設の事務所を作る予算もないので、公団の五階の自宅を選挙事務所にせざるを得ませんでした。

小学校一年生になった娘は、向かいの奥さんが声を掛けてくれ、預かってもらうことになりました。わが家は最上階の家なので、日頃から、両家の玄関ドアを開け放しにして、子どもたちは行き来していたので、すんなりといきました。息子のほうも預かってくれる方がいて、助かりました。給食もないので、弁当を作りや寝泊まりもさせてもらいました。

選挙事務所となった五階まで、夜遅くまで多くの人の出入りがあり、階下の方々はさぞうるさかったと思いますが、みなさん協力してくださったのです。選挙事務所の看板を立てる場所

団地の芝生に設置された選挙看板

がなくて、私の住む棟の近くの芝生のわきに、横看板が設置されました。

その後の選挙では、廃バスを選挙事務所にしたこともありました。

本選挙では、一年前、補選で当選した二議員は落選し、私は、全体の五位で当選しました。こうして私は、我孫子市の市政一期生市議会議員として、また、我孫子共産党の三番目の議員となりました。東葛飾地域の自治体で共産党の議員が三人になったのは初めてのことでした。以来、九期三十六年間の議員生活が始まりました。

共産党は、二名の議員になったことはありますが、ほとんどの期間を三名の議員で頑張

団地広場で繰り広げられた選挙活動

ってきました。

私は、我孫子は古くさい町だと思っていました。しかし、意外にも革新的な気風もあるのです。

我孫子は、北の鎌倉と称され、手賀沼の風景をこよなく愛した、志賀直哉や武者小路実篤といった白樺派の文人、杉村楚人冠、バーナード・リーチなどの知識人が多く住み、活躍した歴史がありました。そうしたところに、手賀沼にボート競艇場を誘致する問題が起き、当時の町長は町の財政が潤うと、誘致に賛成する推進派でした。しかし、文化人を先頭に、手賀沼の自然を壊すなと、一大「ボート場反対運動」が起こされました。

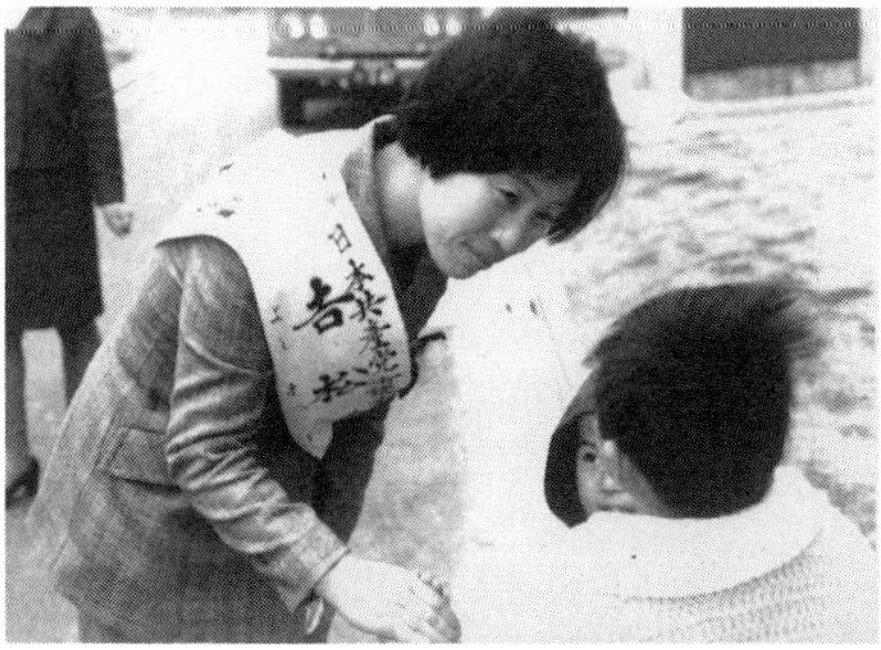

初当選時の選挙活動

当時、議員ではなかった関根さんも先頭に立って戦い、ビラをリュック一杯に詰めて、町中を駆け回ったそうです。町を二分する戦いに発展し、我孫子の歴史に残る大闘争となりました。県は、競艇場の誘致に賛成か反対かを、市長選で決着するように指導したそうです。市長選の結果、推進派が負け、反対派が勝利したのです。

その後の町議選で、昭和三十八年、我孫子町第一号の共産党町議に関根平治さんが当選しました。町長は推進反対派だったので、この運動に貢献した関根議員の意見も取り入れ、我孫子町で開催されていたメーデーでは、永年勤続者の表彰をする、平和行進が我孫子市に来ると、役場前で行進者に牛乳を配り、歓迎するなどが行われていました。

しかし、私たちが湖北台団地に入居が開始された、昭和四十五年当時の町長は、保守派の鈴木町長でした。

関根議員は、我孫子町最大の企業であった日立精機労働組合の初代委員長を務めた方で、優秀な技術者でした。レッドパージされ、赤貧洗うがごとき状況にも屈せず、党の旗を掲げて頑張り抜いた方でした。パン工場や洋服作製の会社や我孫子ゴルフ場の労働争議もあり、関根さんはすべてに関わっていたそうです。

私が議会に出た頃、市の職員から「関根さんは、あなたとは苦労が違うよ」とよく言われたものです。市民にとって悪いことには、徹底して追及しますが、適切な提案をするの

関根平治議員と千草

で、多くの職員、議員から頼りにされていました。本当によく調査し、勉強する方でした。安易に何か聞こうとすると、昔の職人さんのように、「仕事は盗んで覚えよ、よく調べて考えよ」とはねつけ、その一方で、「一年生議員は、わからないことは職員にいくら聞いても恥ずかしくない。議員を何期も勤めた後になって、わかっていないことは、恥ずかしいことだ」と言うのでした。

技術者だったからでしょうが、下書きのために、さっと線を引いて表などをつくると、少し曲がっていると怒り出すような几帳面な方でした。

しかし、議会質問は、「市民の立場から見

て利益になることかよく見て、市民の間で不平等にならないかなど、問題解決の具体的な取り組みを考え抜かなくてはいけない。赤旗に書かれていることをそのまま質問したりしてはいけない。よく調べ考え抜くことだ」とよく言われました。

こうした関根議員は、特に常磐線の天王台駅が開設されるときに、快速電車の停車実現に大きな力を尽くし、いまでも住民に感謝されています。

共産党の地区委員会などとよく議論して、多くの方との交流は広く、我孫子のいろいろな情勢をしっかりとつかみ、原則的な方で、私は大変勉強になりました。

関根議員より二期後に、二人目の共産党議員の川村一男さんが、湖北から当選しました。川村さんは、熱血漢で、湖北の地元の人たちから頼りにされていました。関根議員が、「党員が一人もいなくて当選したのだよ」と教えてくれました。選挙が始まると熱弁を振るい、声がかすれて出なくなるほどでした。

川村議員は、クリーンセンターの建設やツツジ荘（老人などのいこいの施設）の建設で決定的な役割を果たしました。

やがて、頼りにしていた川村議員が、病気のため引退され、吉田実議員となり、関根議員は病気入院が続き、私は二期目から、実質的に議員団長を引き受けざるを得なくなりました。そのため、いつも頭がプレッシャーで潰されそうでした。関根議員の後を継いで、若い岡田章議員が当選し、ほんとにうれしかったです。

私は、関根議員たちの職人流の育て方で、新人議員に接してきましたので、こうした「指導」は時代遅れだったかもしれません。一緒に活動した、吉田、岡田、吉岡、佐藤、関口の各議員は、苦労したのではないかと思っています。同じ共産党の議員ですが、それぞれ個性があり、得意分野があり、学ぶことは多く、苦しいこともありましたが、我孫子市は、早くから三名の共産党の議員がいたことで、大きな成果を挙げることができたと思っています。

議員と子育てと学生と

私は、団地の住民から出されている、保育をなんとかしてほしい、学校に体育館やプー

団地での日常活動

ルを、通勤をなんとか便利にしてほしい、高い水道料金の値下げを、などの願いを聞き、それらの解決のための政策を掲げ、頑張ると公約して当選したのですから、どうやって改善していったらよいのか、頭から離れません。ただ皆さんと運動をともにするなかで、いつも、一つ一つ実現しようと、第一歩を踏み出しました。

しかし、議員に当選してからの私は、その忙しさで目がまわりそうでした。夫は、共産党中央委員会に勤務しており、朝早くから出勤し、夜の帰りは遅く、どうやって子育てや家事をこなしていたのかよく覚えていません。

当時、市役所へ行くのも、会議に行くのもすべて自転車でしたので、なんとか車の免許を取らなければと思いました。議員になった当初は、「車は危ない。あんたはそそっかしいから止めとけ」と夫は反対していました。私も事故を起こしたら大変と思っていましたが、免許をとらざるを得なくなり、事故は起こさないようにすると決意して、四年後に運転免許を取りました。夫は反対していたのに、天王台駅のバスがなくなると、迎えを頼むのには腹がたちました。しかし、ずっと無事故でゴールド免許でした。

夫も忙しく、家事をあてにすることはほとんどできない状況でしたので、子どもが頼りでした。子どもたちは、ほんとによく協力してくれました。二人の兄妹は六歳離れています。私が議員になったときは、妹が一年生でしたので、どうしても、私が食事を作れないときは、兄がつくりました。兄は弱視児で、できるのは、即席ラーメンにキャベツとハムを入れるだけ、他は納豆と卵です。妹は、四年生になると、お兄ちゃんはうまくできないと言って、自分でテレビなどで料理番組を見て食事をつくり始めました。

私は、「あなたたちがお利口にしてくれているので、お母さんは仕事ができる。ありがとう」といつも思っていましたが、よく叱っていたのではと思います。しかし、勉強のことは言いませんでした。学校からもって帰る答案用紙をちらちら見て、できていないところには気をつけてはいましたが、忙しくてほったらかしでした。

ある時、妹に向かって息子が「俺は、勉強せよと言われなかったので、県立高校に落ちた。油断しないで勉強せよ」と言っているのを聞いて、「勉強あにいができちゃった」といって笑いました。私自身は、勉強したくてもできなかったことから、子どもたちに言いました。

「どんなに栄養のある料理でも、食べよ食べよと、気が進まないのに言われても、おいしくないでしょ。自分がこれを覚えたいと思わないとおいしくない。勉強も同じよ」と、自由にさせていました。

あるとき娘が、田んぼに行って水を汲んできて、その中のゾウリムシを顕微鏡で見たいから顕微鏡を買ってほしいと言った時には、我が家の家計では高額でしたが、買い与え、飼いたいという動物は、団地で飼育が許可されている、九官鳥やインコ、ジュウシマツやモルモットなど何でも飼いました。

わが家は両親が共産党の活動をしているから、「嘘を言たり、間違ったことはしない、みんなと仲良くする、危ないことはしない」ということを守ってくれればいいということを、何かにつけて子どもたちに話していました。親から身の回りの面倒をよくみてもらえない子どもたちは、つらいことも多く、我慢していただろうと思います。

そのころ、私は通信制の法政大学法学部に在籍して四年余、卒業が見えていました。卒業までに一二四単位が必要ですが、九八単位までとっていましたので、議員をやりながらでも卒業できると思っていました。ところができないのです。時間をやっとつくり、さて机に向かうと、議会や住民運動のことで頭がいっぱいになってしまい、働いていた時のようには勉強できなくなり悩みました。そのうえ、体育系の単位は実技で、神奈川の武蔵小杉まで行かなければならず、時間がなくて取れていませんでした。議員になるとまったく行くことができなくなり、残念でしたが、勉強は中断しました。そして結局、中断が長くなり在籍は取り消しになってしまいました。

徹底した勉強で水道行政に精通

当選して間もないころ、手賀沼沿いの道路の下に大きな下水道管を施設する、手賀沼流域下水道工事が進められていました。当時としては、新しいシールド工法でしたが、湖北台五丁目の道路沿いの家が傾いたり、玄関にひびが入ったりして、大騒ぎになりました。

そして私は、業者と住民の交渉の席に、住民から呼ばれ参加し、住民の要望に沿った解決を求めました。こうした交渉は初めてでしたので、とても緊張しました。

交渉から数日後、家に帰ると、菓子箱大の荷物が業者から送られてきていたのです。私は、中を開けないまま、郵便局から送り返しました。子どもが包みを開けていなくてよかったと思いましたが、知らずに空けていたかもしれないと思うと、ひやりとしました。それからは、子どもたちに、届いたものは、おばあちゃんからきたもの以外は、絶対に空けないよう強く言いました。

時間はかかりましたが、この下水道工事問題は解決に向かいました。業者との交渉では、こうしたことに特に気をつけていました。

さて、議会では、どさっと大量の資料が配布されます。特に予算書の数字は、私の生活とはかけ離れて大きく、見当がつくまでに時間がかかりました。予算書の数字を読み違えては大変です。千、万と書き込み、辞書と六法全書をそばにおいて、猛勉強しなければなりませんでした。

私が、法政大学の通信制の法学部で若干学んでいたことは、法的に考えることや、どこを調べればよいのかがわかっていたので役に立ちました。

私は、まず議会の環境常任委員になり、水道行政や清掃行政にかかわることになりました。

私の場合、水道行政についてはまったくわからず、水道局に日参して、職員にいろいろ教えてもらい、猛勉強しました。

水道事業は企業会計で、市の予算とはちがいます。まずその会計の仕組みや、水源や配水の状況などを勉強しました。当時の我孫子市は、まだ全市に水道は施設されておらず、湖北台団地の開発に伴い、湖北台以東の地域での配水が始められていたばかりでした。

湖北台浄水場は一〇本の井戸があり、深さ二〇〇メートル余の地下から水を汲み上げ、浄化していることや、メーターの交換の仕組みなど初歩的なことからの勉強でした。そしてこれが大きな成果をもたらしました。団地建設に伴い水道部ができて間もなかったのですが、勉強していると、「有収率」という言葉がありました。水をつくった水量と、収入となった水量の比率が七〇%しかないのです。新しい施設で漏水もないはずです。なぜかと聞くと、新木方面の水道管は、家も少なく、十分に使われないので、管の先端で滞留する「赤水」を捨てざるを得ないからだと言うのです。私は、どれくらい捨てるのか、聞いてみましたが、数字が合いません。

また、団地の入居者は、水道料金の高さに困っていました。値下げの要求は切実でした。共産党議員団は、水道料金が高く、値下げを求める市民の要求にこたえるため、市の水道事業を常に検討してきました。

しかしそのころ、団地の住民から、団地以外の住民の「水道はタダだ」という人がいると聞き、まさかと思いましたが、議員団で話し、川村議員も加わり、調査を始めました。その結果、水道施設の許可印を水道部で管理していないことがわかりました。その許可印を誰かが使い、タダの水道が設置されていたのです。市に対して、印を取り戻し、しっかりと管理するようにさせました。

新しく就任した部長は、夜に水道が使われているかどうか、一軒一軒調査を行い、料金未払いの家が、かなりの軒数あったことが判明し、有収率も向上しました。しかし、水道

水道料金の値下げなどについて住民説明会を

料金を値下げするほどにはなりませんでした。

その後、市の人口が急増する中で、北千葉水道企業団からの受水を前提に、我孫子全市の水道建設に向かっていました。その過程でいろいろの問題が出てきたのです。

県による地下水の取水制限が実施され、人口急増により水不足が生じる事態になりました。そうしたなかで北千葉広域水道企業団からの受水予定が、企業団の工事の遅れで届かないことになり、我孫子市は、高い費用をかけて、地下水確保のため十二本もの暫定井戸を掘らざるをえませんでした。

広域水道水が通水した時点で、地下水汲み上げ規制による暫定井戸からの取水は停止しなければなりませんでした。共産党議員団は、県に暫定井戸掘削の費用補償を求めるべきだと主張し、県へも出向き、頑張って補償を取り付けました。これらの井戸は、いま災害時の緊急用井戸になっています。

また、北千葉広域水道企業団は、計画していた大きな工事を、水の需要状況も考慮せず、計画どおりの拡張工事を進めていました。どんどん工事を進めれば、使い切れない水の設備が作られます。その分は、県は参加する自治体に責任水量として押しつけるのです。実際に使った水量には料金が上積みされ、各市などに割り当てられている水量は、責任水量としての料金を払わせていたのです。これが水道料金が高くなる原因となっていました。

この点について、私が、松戸市選出の共産党の古田県議に、北千葉広域水道企業団の予算と工事計画を取り寄せてもらい、検討した結果、わかったことです。そこで、必要な水量に合わせて工事を進め、適正な水量を我孫子市は受水するべきだと主張しました。

そのころ我孫子市は、高い企業団の水の受け入れを前提にして、水道料金の値上案を議会に提出してきました。私は、市には利益積立金もあるので、市に県の言うままに受け入れないよう主張しました。

市は、県の言うことには何でも従うことが多いのですが、私がこうした問題を提起したので、当時の水道部長は、企業団（県）と掛け合い、責任水量が減らされました。

これらを踏まえ、私たちは値上げ反対を主張しました。その結果、市が提案していた水道料金の値上げにストップがかけられ、その後、一〇％の料金値下げを実現することができました。こうして私は、水道行政に精通していきました。

働く女性の視点で

保育問題に一貫して取り組む

当時、我孫子市議会には、女性議員は二人しかいませんでした。社会党の栗山英子議員が、ある日、ある議員から「あまーあ」と言われたと、泣きながら私に訴えるのでした。私は、良くない言葉だとはわかりましたが、「あまーあ」の意味がわかりません。

栗山議員が涙を流すほどの、地元で使われていたそのひどい言葉を初めて知りました。「馬鹿女」という意味だそうです。たしかに私も、多くの保守系議員や職員の態度から、女性蔑視はあると感じていました。

そんななかで、「ゴミ問題」で成果も出ていましたので、男性議員に言いました。

「台所を預かり、子育てをし、身近な問題にかかわっている女性議員は、大きな役割を果たせるのよ。だから議会には、もっと女性がいなければならないの」

後になって、女性議員が増え、一時九名となり、千葉県で女性議員の数が一位になるにつれ、差別は薄れていきましたが……。


私は、議会に出る前から保育問題に取り組んできましたが、当時、我孫子市の二ヵ所の保育園はいずれも我孫子駅方面にしかなく、湖北台にはありませんでした。団地入居後、保育園は一年目に建設されるということでしたが、とても待ってはいられません。

団地の集会所でのお母さんたちによる自主保育を続けるなかで、「保育の会」を作り、市の保育園の早期建設運動、「預かります」「預けたい」人を紹介し合い、市に保育手当を出させることなどをしていました。ようやく公立の湖北台保育園ができましたが、たちまち入れない子どもで溢れました。

・千葉県初の産休明け保育の実現と「ゆずり葉共同保育所」

当時は、戦後第二のベビーブームの到来で、保育園に入れなかった親たちは引き続き無認可保育園を運営しなければならず、しかも、いつまでも公団の集会所を使うことはできないので、市に保育場所を確保するよう要求しました。市はプレハブを造りました。そこで無認可保育園を始めました。「ゆずり葉共同保育所」と命名されました。公立の保育園では産休明けの乳児は預かりませんが、この園では受け入れたので大変喜ばれました。しかし、市役所は、素人のお母さんたちの保育を心配して、私に辞めさせるよう何回も忠告してきました。

しかし私は、九州時代にやっていた保育でやれると思っていました。保育の中心になっていた上村和子さんをはじめとするお母さんたちの努力で、七年にわたり無事故で立派に保育したのです。この「ゆずり葉共同保育所」の実践は、市役所が産休明け保育に踏み切る力となりました。我孫子市は千葉県下で初の産休明け保育を実施した市となりました。

やがて周辺に私立の保育園も建設され、保育環境は改善され、「ゆずり葉共同保育所」は終わりましたが、本当に皆さんの要望に応えて喜ばれました。

・幼児教室を開設

一方、幼稚園にはいれない子どもが多く出て、親は申し込み受付の前日の夜から寝袋を持って並んだり、面接で名前を言えなかった子は入園できないといわれ、親は泣いていました。

そこで私は、また集会所の使用許可をとり、親の手による、幼児教室を始めるよう進めました。ここも子どもたちでいっぱいになってしまい、市に仮設の児童館を公園に造ってもらい、そこで保育は続けられました。

私は、こうした運動に関わり、なんとしても女性が仕事を続けられることを願い、子どもたちの幸せのため頑張りました。

いま思い出すのは、自主保育で事故が起きないように、預けるところがなくて困る人をなくすため、いつもそうした問題が頭から離れませんでした。

人口急増が続く我孫子全市で、保育園建設を求める運動は広がりました。市での建設が追いつかず、リース方式（地主に保育園を建ててもらい、市で借り受ける）も取り入れて、整備されていきました。このリース方式は費用が嵩むため、保守系の一部議員から問題視されながらも、市民の要望にこたえる施策でした。

・学童保育

また、学童保育の設置についても、はじめは難航しました。

「学童をなぜ保育しなければならないのか」、市当局も議会もその問題に対して理解がないのです。職員も議員も、子どもが学校から帰ったら、家の周りで遊んでいれば、それでいいではないか、と言い、東京まで通勤する共働き家庭の状況など理解できず、「学童を保育するのかね」という始末でした。

なんとか学校の空き教室などを使わせてほしいと言うと、学童保育の管轄は厚生省だから、教育委員会は所管外だというのです。

飯合教育長が就任すると、この方は保守的な人でしたが、子どもの話になると理解のある人でした。子どもが大好きで、何かにつけ少し話していると、すぐに笑顔で子どもたちの話になるのです。

団地で第一号の学童保育を引き受けてくれたのは、湖北台幼稚園でした。空き教室があるからとのことでした。その後、園児が溢れるようになると、隣の湖北台西小学校の酒井校長が、用具置き場を整理して、引き受けてくれました。ところが、高学年がまだ授業をしているとき、廊下を学童の子どもたちが走りまわるので、先生たちからも嫌われてしまい、やっと校庭の隅にプレハブの部屋が造られました。

飯合教育長は、自分の学校の生徒を、放課後も安全にいさせるようにと、校長会で話をしたそうで、校庭にプレハブを建てることも、校内の適切な場所に学童保育所を作ることも、可能になりました。しかし、すべての小学校に学童保育所が作られるまで、一つ一つ、父母の運動とともに、地域の理解を得ることや、設置場所問題を克服して実現しました。

やがて、西小をはじめ、湖北小、我孫子二小、高野山小、新木小、つくし野小、などで

プレハブで実現した学童保育所

学童保育所がつくられ、それらの学童保育連絡会の会長を長く勤めた小倉さんとの連携が大きな力になりました。我孫子四小は関根議員が力を尽くし、当初は、手賀沼公園の一角に作られました。布佐小は、市の職員の方が自宅を開放して開設してくれました。

当時、親が子どもを保育園に預けて働きに出ることに対し、今日のように一般の方々の理解は得られず、働くお母さんは苦労しました。その要求を実現するのは大変でしたが、必要に迫られたお母さんたちは、一歩一歩切り開いていきました。保育のために団地の集会所を使うときは、反対がありましたが、幼稚園に入れない子どもたちのために、幼児教室を開くことには反対がでないのです。

幼稚園に子どもたちみんなが入れるようになった後も、湖北台と青山台の幼児教室は、長く継続しました。父母の手による教育に魅力を感じる人が多かったのです。

この幼児教室をめぐっては、設置場所を決める苦労から始まりました。青山台のほうは、神社が引き受けてくれ、湖北台のほうは、市民センター建設運動と重なって、いろいろと問題になりながらも、湖北台中央公園の中にプレハブが造られて続けられました。

当時、私の娘と仲の良かった子どもの父親は、「子どもは小さいときは預けたりしてはいけない、親が大切に育てるべきだ。あなたはなぜ保育所づくりに力を入れるのか」とよく忠告されました。その後に、娘さんが就職して結婚し、子どもを生み、保育園探しに苦労するようになると、「いまは、女でも働きたいのだね。あの頃、あなたに文句ばかり言っていたね」と考え深げでした。

今日では、女性が働くのは当然になりましたが、保育行政は遅れ、保育園探しに苦労している親は多く、また安心して働きながら子育てをする環境は実現されているとはいえません。まだまだ、運動は続けられなければなりません。しかし、今、我孫子市は保育所に入れない子どもがいない市となっているようで、週刊誌などに出ているのを見て、努力の成果かなと思っています。

絶え間ない生活相談

生活相談は絶え間なくあり、保育問題の他にもさまざまな問題がありました。

団地に入居したばかりに家族が亡くなり、どうしてよいかわからないと相談されたときは、私もどうしたらよいか困りました。たまたま北九州の家の近くにいた方が、製鉄所を辞めて葬儀社を開いているとのことで、知恵を借りました。面倒見がよく、しかも葬儀などの費用も安くしてくれたのでよろこばれました。

その方は行路死亡者（行き倒れの人）が出たときなども、市役所から快く引き受けていたとのことで、大変助けてもらいました。

今のように葬儀の方法もわからない時代でしたが、自分でどうしてよいかわからないときには、その道の専門家に聞き、解決してきました。

サラ金問題が各地で大騒ぎになったとき、我孫子でも同様の問題が起き、当時、我孫子に住んでいた、民主法律事務所の安田弁護士と一緒に、多くの事例を解決しました。

私の団地の三DKの部屋に、それぞれ入ってもらい、プライバシーを守りながら、弁護士に各部屋を回って相談してもらいました。書類の整理や、思い出したことを書き出している間に、他の部屋に弁護士が移動するのです。

当時、ほんとに多くの相談がありました。

借金に伴い離婚の相談もありましたが、私は、離婚が子どもに与える影響を知っていたので、もう一度、子どもたちのことを考え、努力してほしいと訴えました。思いとどまり、努力してくれた家庭もありました。

DVの相談もありました。当時は今のような市の体制はありません。子どもは親戚に預けてもらい、女性には病院の付き添いか、温泉旅館などの仕事を紹介するなどして、相手から隠れてもらいました。病院の付き添いが廃止されてからは、困りました。

生活保護の申請も数多くありました。

私は、保護を受けた後のケアが大切と考えていましたので、その後の面倒もみました。高齢で年金もなく働けなくなった方は当然、生活保護を受けるべきですが、母子家庭のお母さんには、子どもは親の背中を見て育つのだからと、病気があるときは真剣に治し、無理しないで少しずつ働くことをすすめました。その結果、多くの方が自立していきました。

高齢者は特に、生活保護を受けることを躊躇する方が多く、その方たちには、長らく一生懸命働いてきたのだから、たまたま年金もない職場だったのだから、国民の権利として当然のことだと言い続けました。

生活保護の申請に行くと、市役所は私を信用してくれているようでした。私が紹介した皆さんはきちんと生活し、自立する人も多かったからです。

しかし、市に厳重に抗議したこともありました。

ある一人暮らしの老人の場合、その家族に、いくらなら支援できるかとたずね、息子は無理をして毎月二万円援助できると言ったようです。ところが援助できたのは数ヵ月のことで、その老女はそのことを誰にも言えず、困り果てていたのです。息子のほうは気持ちがあってもできない状態でした。それを知った私は、援助を約束したケースの実態を把握

団地の自治会活動への参加も大事な仕事

するよう役所に要求したのです。国からの指導だったようですが、親は息子を悪くは言えず、じっと我慢し、生活保護以下の暮らしをさせられていたのです。

また、社会福祉協議会が行っていた一時金貸付の保証人にもなりました。後から議員が保証人になっている借入者の返済が悪いということで、保証人になれなくなりましたが、私の場合、返済しない方は一人もいなかったそうで、感心されました。私は督促したことは一度もなかったのです。職員の方から、誠意が通じているからではと言ってもらったことはうれしかったです。

建築問題のトラブルでは、私に現金を持ってくるということもありました。断固として断ると、共産党はお金は受け取らないと聞いたけど本当だねと、相手はびっくりしていました。

当選したとき、子どもは、中一の弱視の兄と一年生の妹でした。こんな、私の生活相談を見て育った娘が、大学に入学後、高い化粧品を買わされた友だちの相談に乗り、返すことになったと、友だちの生活相談をしているのです。「門前の小僧習わぬ経を読む」とばかり、娘は、「みんな何も知らないのだから、役に立つよ」と言っていました。

当時はまだ留守電という機能もなく、学校から帰った子どもたちは、電話番をせざるを得ず、かかってきた電話を、黒板にすべて書いておいてくれました。今思うと大変だったと思います。狭い家ですから、電話での相談なども聞いていたのでしょう。

議員の多くは生活相談件数を書きとめている方が多く、大切なこととは知りつつ、記録の習慣のない私は、忙しさもあって何も残していませんが、九期三十六年間、相当の数だと思います。

今でも、すっかり忘れている方から「その節はお世話になりました」と言われる時があります。記録しておけば、それだけで本になると思っています。うまく解決できると、「できた！」とすぐお仕舞いにし、他の相談を受けると、どうすれば解決できるか、本当に一生懸命考え行動しました。

しかし、うまくできないこともありました。登校拒否・自宅での引きこもりの対策は、当時、対処方法は知られていなくて、適切な対処はできず、私は勉強を始めました。そして、登校しないお子さんのために、その問題を勉強していた方を招き、勉強会やお母さんたちのサークルを始めました。

この活動は、はじめは、お母さんたちの協力をいただき、知人の家の空いていた部屋を使って、不登校の子どもたちの学童保育的なかたちで始まりましたが、専門的な対応が必要で、最終的には、登校拒否の子どもたちが通える、教育委員会による「ヤング手賀沼」を開設するきっかけになりました。

我孫子民主診療所の建設

民主診療所をつくりたいと運動を始めたのは、一九九〇年代のことです。

当時の我孫子市は、一気に増えた住民とその子どもたちの数に比べて、病院や医院が不足している状況が続いていて、入院すると、どこも高額な差額ベッド料が必要でした。隣の流山市には、民医連の東葛病院があり、ここでは差額ベッド料は取らないので、住民はみんなそちらにかかりたいと思っていましたが、通院には遠すぎます。そこで、通常は近くの診療所にかかり、入院時には東葛病院に行きたいと考えるのが当然です。

私は、我孫子市に民主診療所をつくろうと、新妻龍秀さん、佐藤幸子さん、上村和子さんに呼びかけ、発起人になってもらい、準備会を立ち上げました。

東葛病院に診療所建設をお願いし、「友の会」の会員を増やす活動を熱心にすすめました。

こうして活動から六年後の、二〇〇二年九月二日、天王台駅の近くに「あびこ民主診療所」が開設されました。住民のみなさんに喜ばれている診療所です。

民主的診療所の建設には、多くのところで医師会に入れないとか、建設反対の声がおこされるなどのことが多かったようですが、我孫子では、渡辺民主市政の余波でしょうか、我孫子医師会へもすぐ加入が許可され、市の健診業務を行う病院として、市の広報にも掲載されました。

建設に向けた準備活動のなかで、当時まだ知られていなかった前立腺ガンのマーカでの検査をすることになったのですが、せっかく病院関係者が来てくれたものの、人が集まらず、急遽、みんなで男性を連れに走りました。私も、忙しいと言う夫を車に乗せて、検査に行ってもらいました。結局、夫を含めて二人が検査で引っかかり、早期発見で手術し、命拾いしました。これは大きなご利益をもらいました。

さっそく市の健康診断に前立腺ガン検査を実施するよう要請し、他市にくらべ、早期に我孫子の健診では実施されています。

我孫子の民・主・市政

渡辺藤正市長とともに

民主市政の誕生

渡辺藤正氏が市長に当選したのは、一九七〇年十一月でした。そのとき、同時に行われた市議の補欠選挙に私が立候補し、落選したのでした。

この市長選挙では、共産党は市長の与党ではありませんでしたが、これまでの経過のなかで、渡辺藤正氏を応援しました。

手賀沼は、北の鎌倉といわれ、白樺派の文人が愛でた我孫子の景勝地の一つでした。その手賀沼に競艇場を誘致するという問題をめぐり、渡辺藤正氏は、反対する町民とともに熱心に反対運動に取り組んだ方で、共産党の関根平治さんとともに大奮闘していました。そのため、市長候補として擁立されたからです。熱心に戦った町民の方々や、日立精機などの労働組合、保守系の町議（この運動のなかで保守系が分裂した一部）、自民党県議の一人も参加していたため、政策協定はできませんでしたが、我孫子の自然環境を守る大きな住民運動のもと、広く市民が結集したのでした。共産党は陰で応援しました。

渡辺藤正氏は、我孫子で生まれ育ち、我孫子の自然を大切にしたいとの思いが強く、手賀沼の自然環境を守る保守系の議員の一人でした。立候補前は町議会議長を務めていました。慶応大学を卒業後、大正デモクラシーを体験したといつも話していました。民主的で温厚、清廉潔白な人でした。また、共産党の関根議員の果たした役割も理解されていました。

相手候補の鈴木町長は、私が湖北台団地に入居した当時の町長で、団地住民が通勤に苦労しているというと、団地の役員を連れて国鉄北局まで行き交渉するなど、気軽に団地住民の願いを聞いて行動する町長でしたが、黒い噂が聞こえてきました。無署名の謀略ビラが飛び交う選挙戦には驚きました。

渡辺市長と選挙公約

私が初当選したときも、議会へ初めて出ると、当選した議員たちが、「どこそこの土地売ったの？」とか、○○はあそこを手放したらしい」とか、話しているのが聞こえてきました。ある議員は、私を指さして、「この人は、親戚が一軒もなくて当選したよ」と話すなど、地縁、血縁、買収は当たり前のようでした。私は、あけすけに、買収のことを話していることに驚いたものです。

しかし、やはり清潔な政治を進める渡辺藤正さんがよいと、団地住民も判断しました。

当時、東京都をはじめ、各地に、社・共を中心とした革新自治体が誕生していましたが、我孫子市では、保守系の一部も加わった、民主的な市政を求める「明るい会」の活動となりました。そし

渡辺藤正市長（左から２人目）を囲む共産党議員団（左から吉松、関根、川村の各議員）

て、渡辺藤正氏が当選を果たしたのです。

市長の二期目からは、「明るい会」から自民党の県議が抜けて、保守会派、労働組合、社会党、共産党、渡辺藤正後援会との間で政策協定が成立し、千葉県下初の「民主市政」が誕生しました。

そして、「憲法を心とした　田園　教育　文化都市をめざす」として、六項目の協定が結ばれました。

1　水と緑に囲まれた良い環境をつくる市政

2　人権と民主主義、平和を守り、真の地方自治を確立する市政

3　健康で生きがいを育てる市政

4　豊かな人間を育む文化と、教育基本法をもとに明るい子どもたちを育てる市政

5　市民に犠牲を強いる臨調「行革」に反対し、

市民とともに歩む市政

6　市民の生活とともに栄える農業のある都市づくりを進める市政

私たちは、以上の政策を実現するために頑張りました。当時、東京をはじめ埼玉、神奈川が革新自治体になりましたが、千葉県は保守の強い県で、それまで一度も革新自治体になったことはありません。そのなかで、我孫子市に民主市政が誕生したことは、画期的なことでした。

以来、千葉県で革新自治体を実現した八街市と、二市以外にありません。

市長の三期目は無投票当選でした。

渡辺藤正市政は、四期十六年続きました。

市民とともにした市政運営は、紆余曲折はありましたが、大きな教訓と実績を残しました。

市財政を市民本位に

開発指導要領の制定

我孫子市政は、一九七〇年四月に、約二五〇〇戸の湖北台団地の住民の入居により施行されました。以降、人口は急増し、学校、保育所、交通などのさまざまな問題・要求が山積していました。しかし、人口急増に伴う学校や保育園の建設、水害対策などで、市は大変な財政難に陥っていました。

共産党の議員団は、与党として責任をもたねばなりません。対策を練り、頑張りました。特に、乱開発を防止し、緑を守り、整った町をつくることは大切な課題でした。放置しておくと、樹木はどんどん伐採され、水害対策などもいい加減な町になります。そこで、大企業の儲けばかり追及する乱開発を許さず、自然環境を生かした町づくりを進めるために、共産党議員団は、いち早く大阪の枚方市を視察し、枚方市の進んだ乱開発防止の条例を学習して、開発指導要領をつくるよう提案しました。大企業の開発については、学校・保育園、公園用地の提供や、開発業者から負担金を徴収するなどします。千葉県で一番厳しい、我孫子市のこの条例を実現したことは、住民が安心して暮らせ、自然が残されているといわれる町づくりとなり、大きな力を発揮しました。

しかし、我孫子市の開発が進まないのは、この「開発指導要領」があるからだとの攻撃は続き、開発圧力とは闘いの連続でした。

特に、市の財政について熟知しなければ、現実の市政に責任をもった政策提起はできません。人口が急増するなか、財政は苦しく、なんとか無駄を省き、いかに市民本意の事業が進むよう提案するかということに懸命でした。共産党の議員団は、財政分析の専門家を招き、懸命に市の財政状況を把握しました。

こうしたなかで、私は資源の分別で、清掃費を年間一億円節減した提案をはじめ、多くの財政に関する提案を行いました。

湖北台西小学校の生徒数が超満員となり、東小学校の建設が必要になりました。しかし、公団が出すお金は、一二教室分しかなく、残りはプレハブを建てるしかないと、市の当局は言うのです。

湖北台西小学校にはプレハブが建ち並び、一年生と六年生は、本校舎に入れ、他はプレハブ校舎で、夏の暑さには耐えられない状況で、生徒数は二〇〇〇人を越えていました。東小学校の建設が急がれていました。しかし、また子どもたちをプレハブに入れなければならないのを、なんとかできないかと考え続けるなかで、私は、改めて公団誘致時の市との協定書を読みました。

公団は、一家族につき、小学生は〇・四五人、中学生は〇・三人と算出していました。私は早速、現状は、契約よりはるかにオーバーした子どもがいるのではないかと考え、担当部長に、公団が開発した区域の子どもの数を調べてほしいと言いました。もし、基準より子どもの数がオーバーしていたら、その分は公団に出してもらうべきではないかと考えたからです。コンピューターのない時代でしたので、市の担当者は、必死で夜中まで調べ始めました。

ちょうどその頃、湖北小学校は建て替えの必要に迫られていました。校舎は老朽化し、地元の人たちは、新しい湖北台の入居者のところばかり新しい学校を建てるのかと、不満やるかたなく、「成田のゲバ学生に頼んで校舎を焼き払ってもらえば、市は建設するしか

議長に替わって議事進行を

ないだろう」などと言うありさまでした。

私は、公団で東小学校の建設費を立替施行してくれれば、湖北小学校の建て替えもできるのではと考えました。湖北台の住民にこの状況を訴える会を開き、市とともに公団へ働きかけをしてほしいと話しました。

ある日、湖北地域の栗山議員が、私が議会の控え室で仕事をしていると、私の手を引っ張って、市長室に連れて行きました。大勢の地元の方々が、怒りの眼を一斉に私に向けました。

栗山議員が、吉松議員が良い方向に進むよう考えてくれているので、聞いてほしいと訴えました。私がこの提案のことを話し、皆さんも私と一緒に公団へ行ってほしいと訴えますと、なんとか落ち着いてくれました。

調査の結果、規定を大幅にオーバーする児童数でしたので、市からの要望を公団は受け入れてくれました。

一九七五年、こうして東小学校建設は全額公団の立て替え施工で実現しました。公団が建て替えた費用は、国の負担分もあり、少しずつの返済ですむため、財源にゆとりができ、その財源で湖北小学校の建て替えも同じ年に実現できました。

一九七七年、湖北台東小学校は開校の運びとなりました。

保守系のある議員が、団地の人たちの協力で、湖北小学校の建て換えができたと、議会で感謝の言葉を述べたのが、印象的でした。

知恵と工夫で

ゴミの資源化に道をひらく

・市独自のクリーンセンター

環境常任委員会は、市の清掃行政も所管しています。

我孫子市には、ゴミの処分場がなく、前町長時代の事業計画では、手賀沼の橋向こうの沼南町に、我孫子市の焼却場をつくるという計画でした。

共産党の関根・川村議員は、ゴミは、その自治体が処理をするのが当然だとして、市内に焼却施設を作るよう主張しました。

手賀沼の橋を渡って、清掃車が多く通れば、交通渋滞を引き起こすことは必至です。また、委託した沼南町にいろいろな補償が必要になることもあり、この計画に反対していました。それには、我孫子市にクリーンセンター建設を実現することです。

当時、清掃工場の建設反対運動が全国各地で広がっていました。そのなかで川村議員たちは、ゴミ処理は自分のところで解決するのが基本と、先々のことを見据えて決断したのです。地元には反対の意見が多くありました。説得には大変な苦労が考えられましたが、川村議員は、地元住民を説得するのに奔走し、現在の場所にクリーンセンターを実現しました。立派だったと思います。

私が議員になってまもなくの一九七三年に、クリーンセンターは落成式を迎えました。当時としては環境に配慮したものでした。

・ゴミを資源に

一方、燃えるゴミ以外のゴミを捨てる場所のない我孫子市は、困っていました。それまで燃えないゴミは、布佐地区の浅間前に持っていって、何でも埋め立てていました。

あるとき、堆積のゴミに火がついて、大変な騒ぎとなり、以来、住民の怒りでそこに捨てられなくなり、他市へ運ぶことになりましたが、跡地周辺のカドミウム汚染も起き、ごみ処理問題は深刻でした。

ビン類は団地などでは、収集場所にドラム缶を置いて、一部リサイクルしていましたが、その他のダンボール、紙類、衣類、空カン、雑芥などすべてをゴミとして、福島県の常磐炭坑の跡地に、膨大な費用をかけて運んでいたのです。

私は、費用はどれくらいかかるのか、担当者に聞きました。燃やさないゴミは、毎日のようにトラック一〇～一五台で運び、当時で運搬費は一台につき一〇万円かかり、そのうえ、常磐炭鉱跡地の使用料も必要というのです。一〇万円×一三台×二〇〇日としても、年間三億円くらいの予算がかかるのです。

私は、ゴミを捨てるため、こんなに予算を使うことは、ほんとにもったいないと思い、なんとかならないかと考え続けました。

また、湖北台団地においても生ゴミとビン類を除くすべてのゴミは、各棟の横に作られていたゴミ置き場に捨てられていました。高度成長期を迎えていて、大量消費の時代で、ありとあらゆるものが雑多なゴミとなって集まっています。清掃員の方の整理も大変でした。回収されても直ぐに置き場は満杯になり、収集が終わると、ゴキブリがたくさん逃げていくありさまでした。清掃員の方からも、これらのゴミをなんとかしてほしい、と言われていました。

物のない時代に育った私は、資源は有限なのに、もったいない、もったいないと思いつづけていました。カンや金属類、ダンボール、衣類など、売れるものは、資源として住民の手で分別し、回収業者に売れば、住民には利益になります。市はゴミの大幅減量となり、予算は減らせると思い立ちました。そして、その考えを、担当部長に話しますと、部長は、「住民にゴミの分別を頼むなんて不可能なこと。それができるのなら、私は逆立ちして、三べん回ってワンをしてやるよ」と、頭から馬鹿にされて、取り合ってくれません。

ゴミは市が処理するべきものですから、分別を市民に頼むなどは、まったく考えられないという時代で、市民もゴミを分別するなどの考え方はまったくありませんでした。

私は悔しくて、市でやれないというのなら、まずは私の住む約二五〇〇戸ある団地でやってみようと思いました。ゴミ問題は市政の問題ですが、資源は市民の財産であり、売ればお金が入るので、資源を売るのは住民の自由だと思うようになりました。

さて、それを実行しようとすると壁は厚く、なかなか進展しませんでした。

当時、団地の環境担当役員をしていましたので、まず役員仲間に相談しました。しかし、なかなか賛成は得られませんでした。

「みんなに負担がかかる」「決めたことを守らない人がいる」「あんたは、共産党の議員なのに、市民に負担を押しつけるのか」など、多くの住民が反対でした。

私は、限りある資源を、そのまま捨てるのはほんとうにもったいない、ゴミの処理は何でも人任せにして、ゴミを捨てるために莫大な予算を使うことは良いことなのか、と問いかけました。住民で協力して、ゴミを捨てるために使う予算を住民のために使わせたいと頑張りました。

少しずつ理解者が増えて、賛成する人が多くなりましたが、自治会長もなかなか賛成してくれません。みんなの協力が得られるのか、まだまだ反対の声もあるなかで判断を迷っていたからです。

説得は大変でした。公団へも出向いて説明し、一年かけて、団地の中に二四ヵ所の資源置場を作ってもらうことができました。こうした協力も得て、団地だけでやってみようというまでにこぎつけたのです。

二五〇〇戸の湖北台団地自治会でやってみることになったので、担当部長に大きな資源回収業者を探してほしいと頼みに行くと、部長はびっくりして、団地の住民でやれるのなら、全市で実施できるかもしれないと言い、二つの業者を紹介してくれ、回収に必要な用具も整えてくれました。

用具についても、当初市が提案してきたものは、大きなカンを入れる籠などでしたので、私は、費用も安く、持ち運びも簡単な麻袋を提案しました。今日でも袋での回収が続いています。

そして、全市で実施するため、早速、審議会を招集し、条例づくりに取りかかりました。その後の市の取り組みには、気合いが入りました。清掃職員を動員して、全市で説明会を開き、徹底しました。

・清掃職員は誇りをもって

じつは、この取り組みの過程のなかで、清掃にかかわる職員組合からは、仕事を奪うのではないかと、当初、私への抗議がありました。

当時、清掃職員は正職員でしたので、議会では、清掃費を削減するため、清掃業務の下請化を求める質問が多く出されていました。多くの市では清掃は下請になっていました。

私は、市職員の身分は守らなければならないと考えていました。だからこそ、市民に役立つようにできるのではないかと話し、やっと納得してもらえました。

市は、最も反対すると思っていた、団地住民がやってみるというので、力を得たのです。部長をはじめ職員の取り組みは目覚ましく、清掃現場の職員は、住民に説明するという慣れない仕事に挑戦し、市の職員として誇りをもって日曜日にも、自治会、町内会を回り、住民へ説明しました。

清掃職員は、当時一段低く見られがちでしたが、この仕事のなかで、生き生きと誇りをもって働き、ゴミ回収車には、箒とちり取りを下げて、ゴミの回収が終わると、ステーションをきれいに掃除するなど、市民から喜ばれるようになりました。

そして一九八一年十二月、湖北台団地をモデルケースとして出発し、一九八二年一月からは、我孫子方式の資源分別回収が始まりました。

・「我孫子方式」

団地で回収を開始した日、朝早くから、住民は資源を持って集まり、新しく作られた資源置場（ステーション）にかけられた、ビン、カン、金属類、衣類、ダンボール、新聞などのプレートのところに分別して出してくれたのです。市や公団からも職員が来て、手伝いながら感心していました。大成功でした。

ゴミの資源化ができたのは、渡辺民主市政であったことは大きく、清掃職員が正職員だったことにありました。資源化の重要性を職員組合はじめ職員が理解し、先頭に立って全市への説明会もできたからです。他市では、我孫子市のようにやりたくても、ゴミ収集を下請化していたため、下請け業者を辞めさせることはできなかったからです。多くの自治体が実施したのは、国が資源の分別を国民に義務づけた後でした。

我孫子市は、全国で実施される二十年も前に実施したのです。その結果、我孫子市には全国の自治体から、この問題での視察が相次ぎ、「我孫子方式」として有名になりました。

市は、予算が大幅に減らされるので、市民の協力に応え、資源ごとに売上金にプラスして重量当たりの助成金も付けました。二五〇〇戸の団地で資源の売上金と助成金の合計が年間三〇〇万円くらいにもなり、運動会を開いたり、トイレットペーパーを配ったりしました。市内の町会や自治会も、このお金で防災用具を調えたり、お祭りに使ったり、有効に使われました。

こんなに市民に還元しても、部長の計算では、職員は正規職員で委託より人件費は高いにもかかわらず、ゴミ処理の費用は、委託していた松戸市より安くなったと喜んでいました。いま我孫子市では、資源の売上金は、国の制度変更で市民には支払われなくなりましたが、助成金は残しています。

しかし、多くの人が資源の分別に協力してもらえるようになってからも、「吉松さんがこんな面倒なことをやらせたのよ」「吉松さん、選挙の時にはゴミのこと言わないほうがいいよ」と忠告してくれる人もあり、困難なことでした。

・一億円の清掃費削減

資源ゴミは、最初は八分別で始まりましたが、分別は徐々に増やされ、現在は一六分別になっています。そして、我孫子市は、資源化率でトップクラスの自治体になりました。

今日では、ごみの分別は、国民の義務となりましたが、自主的に始めた当時から、我孫子の住民の意識は高く、分別は徹底されていきました。

当時の我孫子市の清掃費は七億円でしたが、六億円に減りました。市は自治会・町内会に助成金を出し、そのうえ清掃の予算は年間一億円も減ったのです。

市の部長からは、「吉松さん、あなたは何年議員を務めるかわからないけど、一億円の歳費は貰わないから、大いばりで歳費をもらっていい」とよく言われました。

ゴミ分別の実現とあわせて、団地の生ゴミの収集も改善しました。階段下のボックスはいつでも生ゴミが捨てられて便利でしたが、夏になると蛆がわき、はい出てきたりします。また、ゴミの収集車が棟の前まで入って回収するので、子どもが多くいる団地は危険でし

ゴミ

"資源"として再利用

千葉・我孫子市にみる

3億1800万円も経費節減

94年度

ゴミを5種類、11に分別

'96.4.10

資源化率はトップクラス

市民との対話 徹底し説明会

有料化は減量になりません

りぽーと NOW

我孫子市のゴミの資源化について報じる当時の「朝日新聞」

た。

それで、このボックスの使用を中止し、週二回、道路まで出すことにしました。団地はこれらの改革ですっきりしたうえ、ゴミの収集にあたって、団地の清掃員の方がボックスからゴミを出すための人員がいらなくなり、市が、ゴミを出す袋をレジ袋も使用可としたので、団地指定のゴミ袋を廃止し、それらの予算で、雑排水管の清掃を二年に一回だったものを、毎年行うことになり、配水管のつまりは大きく減り、共益費の値上げも押さえることができました。

ゴミ処理の「我孫子方式」が全国的に有名になると、このことについて、いろいろな本や論文が書かれています。なかには、この問題に共産党は消極的に賛成したかのように書かれているものもありますが、どこを見て書いたのかと思います。物事は推進力があってこそ進むのです。表面だけ見ているとしか思えません。市の努力は書かれていますが、本質については書かれていません。中心で動いたのが共産党と住民だったのです。

我孫子市が一番ごみ問題で困っていた時代に、その解決について、焼却場問題、資源化などで、決定的な方向を示し、その打開のために、提案し献身したのは共産党議員団だったことは間違いありません。

古利根沼の自然を守る

私が一貫して取り組んできたものの一つが、我孫子市の自然環境を守る運動でした。古利根沼開発阻止、谷津を守ることをはじめ、開発に伴う緑の保全や水害対策などです。我孫子市は、かつての手賀沼への競艇場誘致に反対した運動の歴史があり、市民の自然を守りたいとの思いは強いものがあります。

自然を守る大きな運動だけでも、古利根の自然を守る運動、手賀沼浄化への取り組み、ラブホテル建設反対運動、場外馬券売り場反対運動、谷津の自然を守る運動など、いずれも大きな市民の運動が盛り上がり、自然を守る力で成功させたのです。

一九八七年ころ、開発業者が、古利根沼を埋め立てる大きな開発計画が持ち上がりました。古利根の自然を愛し、いつも写真を撮りに行っていた市民の板橋さんが、業者が測量しているのをみつけ、市議選のころ、すべての議員にこの事態を伝えてくれました。

私は、いち早く役所に行き、事情を聞くと、古利根沼のすべてを埋め立てる、大きな開発計画があることを知りました。

古利根沼は、利根川が改修される以前の古い利根川が残されているところで、昔、利根川をさかのぼり、江戸へ荷物を運ぶ高瀬舟が風待ちをしたところで、自然はすばらしいということを、湖北の川村議員から聞き、何度か足を運びました。釣り人がのんびりと糸をたれている風景をながめ、素敵だなと感じていました。

早速、関心のある人や対岸の小堀地区（利根川の改修で利根川の南にある取手市）の方にも呼びかけ、相談したところ、ここを埋め立てるなどとんでもない、ここを埋め立てれば、景観が破壊されるだけでなく、重大な水害を引き起こすと言います。

私は早速、埋め立て反対の運動をはじめました。しばらくして、栗山議員らも反対運動を開始したので、板橋さんが仲に立ち、統一して反対運動を始めました。この運動は大きく広まり、力強く展開されました。

この沼は河川改修時に、水面はすべて個人に払い下げられていて、そのわずかな部分を

埋め立て開発から守った古利根沼

市の公社が取得しているだけで、他は開発業者が買い占めていたのです。そのため、開発業者は執拗に市に開発の許可を迫り、大変な事態になりました。市が許可しないので、市役所には黒塗りの高級車に乗ったやくざとおぼしき人も来て、話し合いの最中に、茶碗を壁に投げつけるなど、いろいろな圧力がかけられました。

共産党議員団は、こうした実態を市民に「あびこ民報」（共産党我孫子市委員会発行の機関紙）で広く市民に知らせました。

黒い勢力は、市民に広く知られることを恐れるようです。

開発には、県の許可が必要ですから、県にも圧力がかけられたようです。しかし、地元の市長の同意がなければ、県は許可することはできません。市長が県に呼ばれ、開発を許可するよう迫られたのです。

渡辺藤正市長は、夜中の十二時になっても、一言も発せず黙り続けました。一見ひ弱に見える市長でしたが、頑張り抜き、開発に同意しませんでした。こうして、開発は許可されませんでした。

しかし業者は、市にこの水面を高額で買収するよう迫り続けました。市は、適正な価額なら買収するとして、長期にわたる交渉を続け、最終的には、適正価額で買収し、古利根沼は守られることになりました。

その当時、このような問題で開発を阻止したのは、我孫子市くらいだといわれました。それは、大きな市民の運動があり、市長をはじめ職員も頑張った成果でした。今では、周辺の山とともに古利根の自然は守られており、市民のいこいの場所になっています。

今日でも古利根の自然に親しむ市民の活動は続けられています。

当時、各地にラブホテルが建てられ、住環境を悪くしていました。そこに、我孫子市にもラブホテルを建てる問題が起きました。こ

古利根の自然を守る運動で県議に説明する千草（左から２人目）

のときも幅広い多くの市民が立ち上がり、いろいろの困難を乗り越えて、建設を断念させました。そのため、我孫子市には、ラブホテルが一軒もない町として有名になりました。

また、我孫子市に隣接した印西市の土地に、大規模な場外馬券売り場が建設されようとしました。このときも、被害を受ける布佐地区はじめ、我孫子市中で反対運動が起こされ、これも、やめさせることができました。

その後、我孫子ゴルフ場の北、都部、湖北台に至る我孫子に残された谷津地域に幼稚園が作られるという開発計画が持ち上がりました。この場所は、幼稚園が所有している土地であり、建設は可能でした。しかし、幼稚園が建設されると、貴重な谷津の自然保全は大きく傷つくことになります。谷津の自然を守る運動が進められました。

私は市に、替わりの土地をさがし、幼稚園にとっても良い環境になるよう、議会でも提案しました。市は、前例になることを恐れてか、動かず許可する方向のようでした。そこで、県にも、開発許可を出さないよう陳情しました。県も、市の裁量で解決できるのではないかと、市に代替地を真剣に探すよう求めました。

市は、ようやく代替地を探し、幼稚園も了承して解決しました。そして、谷津全体の自然保全計画を作り、保全に取り組んでいます。しかし、谷津を愛する人たちの保全のあり方についてはいろいろな意見もありますが、自然は、基本的に守られることになりました。

諦めずに考える

・湖北駅南口エスカレーター設置

湖北台団地に入居した大勢の若い人々が利用していた湖北駅のホームは、高い位置にあり、南口の駅の階段は高く上り下りはきついと感じながらも、田舎の駅にエスカレーター設置などできないだろうと考えもしませんでした。しかし、高齢者、障害のある方がホームに行くのは大変でした。なんとかならないかと相談されました。

一九七九年当時、成田線の駅にエスカレーターの設置を要求するのは難しいと思われていました。しかし、切実な要求なので、なんとか打開していきたいと思いました。政策に掲げ、議会でも取り上げました。

　地元の議員から、成田線の地下に通路を作って、北口に行けるようにすれば、湖北駅南北が自由に行き来できるし、北口の駅階段は南口ほど高くないというものでした。一つの方法ですが、国鉄が線路の下に自由通路を作ることを認めません。仮に北口に回っても、高齢者・障害者は、階段を上るのは困難です。問題は残ります。

　私が、湖北駅へのエスカレーターの設置を取り上げてから、他の駅も切実な問題でしたので、市当局も積極的に動き、国鉄と交渉し、橋上駅舎からホームまでは国鉄が負担し、橋上駅の通路までのエスカレーターや、昇降機は市が負担して設置することになりました。各駅に設置する計画がつくられ、第一号は我孫子駅に、次に湖北駅南口にエスカレーターと昇降機が設置されました。その後、天王台駅、布佐駅、新木駅は橋上駅舎が建設されるのにあわせ設置されてきました。

　今は、駅のバリアフリー化は当然のことになりましたが、ＪＲの動きは鈍く、時間がかかりました。しかし、以前から湖北台に住んでいた方が、実現した後、「あんたがこんな田舎の駅にエスカレーターを作れといったとき、そんなものできるはずはない、新住民はトンデモないことを言うと思ったのに、できちゃった！　助かるよ」といわれました。

・下水道処理問題

一九八一年のことです。団地を誘致した時につくられた下水道の処理施設が、容量をオーバーし、浄化できない汚水が手賀沼に流れ出たことがありました。県から、改善命令が出され、その改修のための予算二億円の計画を市はつくりました。

私は議会で、処理場の目の前に、大きな手賀沼流域下水道の管が通っているのに、なぜそこへ入れられないのかと質問すると、この下水処理施設は国の起債を受けているので、三十年の償還が終わらないと、取り入れができないというのです。県の職員に聞いてもだめでした。

私はあきらめきれず、柴田陸夫共産党代議士が、毎年行っている国会交渉の場で、訴えました。「流域下水道は使用を開始していて、流域の面整備（地域の下水道網）が進んでいないため、処理水が不足していると聞いていますが、湖北台の処理場の汚水は、起債を理由にだめだといっています。せめてオーバーしている汚水だけでも流域下水道に入れられないのか」とただしました。

まもなくすると、国から県に連絡がいき、県から流域下水道に入れてもよい、入れるための管の費用八〇〇〇万円も、県がもってつくってくれることになりました。その結果、改修費二億円は不要になりました。

市の職員は、吉松議員は「起債は三十年償還、などにこだわらず追求する。役人には、そんな発想はできない。素人の議員だからこそ言えるのでは」と話します。私は、どう考えても不合理的なことは、なんとかしたいと考え、国や企業に対して要求していく立場を貫きました。あきらめず、挑戦しようと思っていました。

・住民要求の図書館開館

北千葉水道企業団からの受水にあたり、新たに水道局の庁舎が建設されたことによって、湖北台浄水場にあった市の水道局が引っ越ししました。その空いた事務所の活用をめぐり、いろいろな議論がありました。

一九八二年ころになって、湖北台団地に多くの住人が入居して、子どもの数も多くなったにもかかわらず、図書館もありませんでした。当初は千葉県の巡回図書館「菜の花号」に来てもらいましたが、来るとすぐに本がなくなってしまうという状況でした。団地の自治会役員をしていたお母さんたちは、図書部を立ち上げ、中央集会所に公団の許可を得て本棚を置き、本の貸し出しをしていました。

そこで私は、この事務所を暫定的に図書館にすることを提案しました。この場所は、住民の集会施設や、襖張りなどの作業場などにも使いたいなどと提案されていました。

渡辺藤正市長とメーデー行進をする（右端は社会党の栗山市議）

浄水場は、安全確保が第一です。私は、夜は閉館するし、日中は市の職員がいるので安全の確保ができると主張しました。そして市長は、暫定的に図書館にしましたが、その後、執拗に反対されました。しかし、今日まで暫定のままですが、湖北台の中心にあり、ささやかな図書館として住民の役に立っています。

・自転車置き場有料化反対運動

一九八九年、市は突然に、議会へ、我孫子駅前の自転車置き場の有料化を提示してきました。

こういう問題こそ、市民の納得のいくものでなければなりません。議会開会の直前に、このことを知らせるビラを駐輪している自転車のかごに入れたところ、大きな反対の声が起きました。岡田章議員が中心となって、ここから我孫子市の自転車置き場問題が、検討されるようになりました。

市民の足を確保し、駅前に乱雑に自転車が置かれないために、自転車置き場の確保と料金は、大きな問題でした。議会でも、自転車置き場問題は熱心に議論され、共産党は、いろいろと積極的な提案もし、学生などへの割引料金設定などが実現しました。

この運動では、忘れられないことが起きました。料金値上げに反対する人たちが、岡田議員の名刺にある議会事務局の電話番号を、岡田議員の自宅のものと思い込んで、連絡先としてビラに書き、撒いたのです。市議会が議員に渡す名刺には、議会事務局の電話が出ているので、市民からの電話が議会事務局にたくさん来てしまったのです。結局、議員団は議会で謝ることになりましたが、それほどこの問題の提起は大きかったのです。

・初の障害児施設づくりに貢献

新木地区に住むお母さんが、自分の子どもに少し障害があり、幼稚園に入れなかったことを悲しみ、利根川に子どもとともに飛び込んで死亡するという事件が起きました。目のわるい障害児をもつ私は、とても他人事と思えず、ショックを受けました。

幼稚園に入れない子どもたちがまだいたころ、湖北台と青山台には幼児教室が運営されていました。湖北台の幼児教室では、言語治療の専門の方の指導を受け、少し障害のあるお子さんも受け入れていました。議員団でそのことを話すと、成人の障害者の施設はありましたが、子どもに関してはありませんでした。

鎌倉市に障害児施設があることを知り、議員団の三人で視察に行きました。

そのとき、我孫子での親の自殺を話すと、園長先生は、「少し言葉が遅れていると感じている親御さんや保健婦さんも気にしているお子さんに園に来てもらい、当初は言語訓練をしながら、子どもに障害がある場合でも、丁寧に対応している。これが一番大切で、障害があるといきなり言われるとショックが大きく、適切な対応ができない」と話されました。

共産党議員団は、障害児対策を検討し、施設もつくるよう市に提案しました。当初は、つつじ荘の一室に施設がつくられ、ささやかでしたが、やがて正式な市の障害者施設ができて移転しました。このことなどを契機に、我孫子市の障害者・児に対する対策は、近隣市に比べ進んだものとなりました。対策の進んでいる我孫子市に引っ越してきたという方にも出会いました。

・国民健康保険問題に一貫して取り組む

渡辺藤正市長時代、我孫子市の国民健康保険税は、県下で一、二番目に安いものでした。それは、市の財政は苦しくても市民の健康を守るため、健康保険会計に一般会計から繰り入れをしてきたからです。

国が補助金をどんどん削減していくので、共産党の議員団は、国の削減に反対するため、議会では討論をしたうえで、国保の会計には反対してきました。市長が替わり、国の締め付けがますます強められるなか、国保税は値上げされ、払いきれない人たちが続出してきました。

保険証が取り上げられる人の対策など、岡田議員がよく勉強して議員団三人で取り組みました。

平和都市宣言と被爆者支援

我孫子市議会も海外視察に行くと言い出しました。最初は中国への視察でした。当時の中国へ行っても、特に視察するに値するものは見当たらず、見聞を広げる旅行です。財政の無駄遣いです。またヨーロッパ視察もありましたが、その計画は「ライン下り」など、まさに観光でした。ですから私たちは、海外旅行には一度も参加しませんでした。

私たちは保守系もいる与党ですから、いろいろな点で意見が違いましたが、住民の利益になるかどうかで議論し、よく話し合って解決しました。市長もよく話を聞き、一歩一歩進みました。

議会というところは、ものすごく保守的で、当時はまだ女性差別も甚だしく、そのうえ共産党議員ということで、さまざまな差別的対応がありました。特に議会の議長・副議長には、一定の年期の男性議員がその職につくのが通例になっていました。

私は、役職にはさっぱり興味はないのですが、それらの差別には怒っていました。そんな私に、副議長の役が回ってきましたが、副議長は、議長に何かあるときは代行するだけで、一、二度、議長席についただけでした。

それでもよかったことがありました。近くにある下総基地で、米軍機の夜間離発着訓練を実施するという問題が起き、基地周辺の柏市などで反対運動が巻き起こりました。そのとき、我孫子市の代表として、副議長の私があいさつする機会をえたことです。このときは副議長になっていてよかったと思いました。

周辺の市町村あげての下総基地の米空母離発着訓練反集会にて
(右から4人目千草)

広島の爆心地の下の石を譲り受け建設された我孫子市の平和記念碑

当時、役場の中では、市長が替わると、人事も変わるのが当たり前のように言われていましたが、市長は、職員をすべて平等に扱い、有能な人は処遇しましたので、職員も仕事が限りなくあるなかで、意欲をもって働きました。多くの職員が渡辺市長をほめていました。胃が弱かった市長は、外食をせず昼食を家に帰って食べるので、これを批判する声はありましたが。清廉潔白な市長でした。

「憲法を心とした田園教育文化都市」我孫子を目指にした市政は、一九八五年、平和都市宣言も出し、被爆者への支援金の支給と検診も、県に先駆けて実施されました。

また手賀沼公園には、広島で被爆した市庁

舎の石で平和記念碑も作られ、毎年八月には平和式典が開かれ、広島へ派遣される中学生の報告が続けられています。

利根川をめぐる水害対策

我孫子市は、それまで長らく水害に悩まされてきた町です。

坂東太郎と呼ばれる利根川は、暴れ河で、この対策は古い時代からさまざま続けられてきました。これについては、造詣の深かった岩間正男国会議員が本を書かれています。

私が議員に当選して以降、人口が急増し、開発にともない低地にも住宅が増えてきました。利根川や手賀沼が増水すると、市内の水のはけ口がなくなり、あちこちで水害に見舞われるようになりました。

ある日、関根議員が、私を並木地区の排水路が利根川に流れ出す、六号国道の下に連れて行ってくれました。その水路のトンネルは、並木の水路よりかなり高く、水は少ししか流れていませんでした。関根議員は、大水が出たらはけ切れないと心配していました。なぜ、並木地区とのレベルが違っているのか尋ねると、高い六号国道の下を通る水路のレベルが正しいのだが、県が許可した並木地区の盛土が足らなかったからというのです。そして、いい加減な開発は、大水害を引き起こしたのです。

その日、あまりに雨が強いので、水害の被害は出ていないかと、市役所に向かうと、鈴木屋旅館のところの線路のアンダーパスは上の桁位まで水につかり、自動車が浮いていました。並木地区には水が少し引いた後、関根議員と行きましたが、あちこちにボートがあり、当時は、下水道は整備されていなかったので、職員が消毒作業に追われていて、悲惨なありさまでした。

これと同じようなことはつくし野地区でも起きました。今はポンプが整備されましたが、この水害では、土手に小型のポンプを並べて、地区にたまった内水を利根川にくみ出していました。

関根議員は、追っかけ台風が来ることを案じていました。利根川が台風で増水しているところに、また続けて台風の大雨が上流で降ると、利根川が氾濫する危険があるからです。

私も利根川の濁流が、溢流堤を越えて、遊水地に流れ込む様子を見ました。その力はものすごく、一メートルもあるような草魚や鯉などがぐるぐるばしゃんと遊水地に落ちるのです。荒ぶる川の恐ろしさは、目の前に焼きついています。並木、つくし野、天王台、布佐、若松など、各地の水害対策に市は巨費を投じ、長い時間をかけて解決に努めてきました。しかし、まだ不安はあるのです。布佐の栄橋の付近は、利根川の川幅が狭くなっているうえに、近くにある小貝川との合流地点なので洪水がおこりやすく、この堤防が切れると、佐倉方面まで洪水が及ぶと聞いています。

利根川に沿った細長い町・我孫子市も、何が起きるかわかりません。

市民ホールの建設問題

一九八八年十二月、渡辺藤正市長が、五期目の立候補を前にして、それまで長らく苦労をともにした奥さまが重い病気になられ、看病に専念したいと、立候補を辞めることになりました。

翌一九八九年一月、この市長選挙に共産党は、下山俊男さんを立て、後継者として戦いましたが及ばず、自民党の井手口県議が中心となって推した大井市長が当選しました。大井市長は、市議を勤めていた人でしたが、積極的になにかをやりたいという意思が見られない人で、井手口県議の考えで動いているように思われました。

早速、出されてきたのは、我孫子駅前の大型開発計画でした。国鉄から買収した駅前の土地に、ホールなどをもつ「アゼリアあびこ」という文化施設を作る計画でした。

当初、議会に説明した予算額は七〇億円程度ということでした。共産党も、市民ホールは必要であるし、七〇億円の予算規模ならと考えていました。しかし、基本設計が作られ、その説明の段階で、二一〇億円もかかるということが明らかになったのです。

議会には、この計画を審議する特別委員会が作られて、私も委員の一人でしたので、二一〇億円という額にはびっくり仰天しました。当時の我孫子市の年間予算に相当する額です。さっそく委員会の席で、この点を指摘しましたが、議会の大勢は、予算が大きくなりすぎたことに、不安を感じているにもかかわらず賛成でした。

私は、こんなものを作れば、市民の生活は守れないと思い、議員団で検討し、反対することにしました。「あびこ民報」で報告すると、反対意見が次々に寄せられました。反対運動は大きく広がり、ついに中止となりました。

もしこの建物が建設されていたら、我孫子市は大変な財政難に陥っていたでしょう。

次の市長選では、この文化施設反対で動いた、当時社会党の議員だった福島浩彦さんが当選しました。

市民ホールが必要だとの市民の要望は強いものがありましたので、市長は、我孫子駅前の土地を県に提供して、ホールを造ってもらい、そこに市の施設・あびこ地区の近隣センターなどを入れることを計画しました。ホールを県の費用でつくることが大きな目的です。

しかし、私たち共産党は、駅前の一等地を、県に無償で提供することや、線路にあまりにも近く、列車の騒音と土地の幅が二五メートルしかないため、適正なホールができないことが問題だと思いました。

ちょうどそのころ、我孫子駅の北口にあった日立精機の撤退と、その跡地の開発問題がもちあがっていました。そこで私たちは、北口には避難場所も必要で、北口の日立精機跡地にホールを建設するべきだと主張しました。

しかし市長は、この主張を入れず建設した結果、市民ホールが中途半端なものになってしまいました。

また、駅の北口の開発において、市長は、開発業者に大きく譲歩し、マンションが林立した街づくりになってしまいました。市長の開発業者に対する態度はあまく、日立精機の跡地は、我孫子市が予算をかけて区画整理したところに、マンションが建ち並びました。私たちは、もっと業者に負担させるべきと考えていましたが、この点を実現できなかったことは、今でも残念です。結局、北口には、避難場所さえなく、駅前に行くたびに、悔しさがこみ上げてきます。

その後の市長選

福島市長は社会党出身でしたが、共産党は推しませんでした。案の定、就任するや、庁舎に日の丸を掲げ、渡辺市長のような民主的な態度はみえませんでした。

社会党の県議になっていた栗山議員も、市長からの相談はないと嘆いていました。民主的だった渡辺市長のあり方とは大きな違いを感じていました。その後、三期市長を勤めましたが、市政のあり方を基本的に保守系が認めていたからだと思います。

また「つばめ保育園」の認可をめぐっても冷淡で、認可は進まず、認可に動いてくれたのは、その後の星野市長でした。

職員への対処は、市長の権限を露骨に使いました。そのため、渡辺市長時代と違い、職員には優しくなく、その結果、職員の力を引き出せず、萎縮させていると感じていました。

夫が市長候補として

私は、現市長の星野市長が当選したとき、議員でしたが、職員にほっとした空気が漂っていると感じました。そして、職員のミスも少なくなったようです。福島市長時代、議会に出される資料などの訂正は多すぎると思っていましたが、なくなりました。緊張しすぎはかえってミスなどが多かったのではないでしょうか。

福島市長の三期目のとき、市長選を闘うべきということになり、夫の達喜が対立候補として「明るい会」より立候補しました。しかし急の要請であり、思うような結果は得られませんでした。

福島浩彦市長とは、対決することが多かったのですが、今日では、「憲法九条」を守るという点では、一致して活動しています。野党共闘は複雑です。

戦争に翻弄されつづけた私の生い立ち

父母のこと

私は、一九三五年（昭和十年）七月十四日、大阪市此花区で生まれました。父・矢永助一（明治四十三年三月生）、母・きみ子（大正元年十一月生）の長女でした。

父は、福岡県行橋市の駅前で、運送業を営んでいた矢永武一の、七人兄弟の長男でした。父は戸籍上は三男でしたが、上に生まれた男子は、生まれて一年足らずで死亡してしまい、初めて助かった男子という意味で、助一と命名されたそうです。

家業は継がず、明治専門学校（現九工大）へ進学し、東洋紡に技術者として勤めていました。数学が得意で勉強好き、クラシック音楽に親しみ、囲碁も強く、真面目一方の人でしたが、当時のことですから、兵隊検査では乙種合格だったようで、このことを引け目に考えていたそうです。家の運送業が栄えているときだったので、わがままいっぱいに育てられ、家業も継がず進学したのです。

私が五歳のころ、祖母・くにが亡くなり、その葬儀に行ったとき、家は駅前にありましたので、線路脇の道沿いにずらっと花輪が並んでいたことを覚えています。

勝手口に、あまりきれいではない茶碗がザル一杯に伏せてあったので、誰が使うのかと母に聞いたところ、この店に米を運んでくる車夫が使うのだと言い、「みんなこれだから」と指を四本立てました。「ヨッツ」という意味で、部落の人という意味でした。まだ部落差別が激しかったころのことでした。

祖父は、店の帳場に座り、キセルでたばこを吸いながら、よくお客とお茶を飲んでいました。私は子ども心に、お店で飲ませてあげればいいのにと思っていました。祖母は優しい人でしたが、祖父は怖くてきらいでした。

世の中が戦時体制に入るなか、中小の運送業は、日通に統合され、祖父はその配下に入るのを嫌い、大酒を飲みはじめ、家業は傾きだしました。こうして、長男の父には、成人していない弟妹や家の負担がのしかかってきたのです。当時、東洋紡は一級の会社で、給料も良かったようですが、母は大変苦労したと言っていました。

母の実家は郵便局をしていて、かなり裕福な家の末娘として育ち、大阪の女学校を卒業後、着物を百枚もって父のところへ嫁いできたと言っていました。

女学校時代はテニスの選手で、活発な人でした。しかし、安楽な新婚生活も束の間で、行橋の家の負担や夫の弟妹の世話などが大変だったようです。それでも、一般の家庭よりはかなり裕福で、立派な蓄音機や、たくさんのレコード、マンドリンなどがありました。

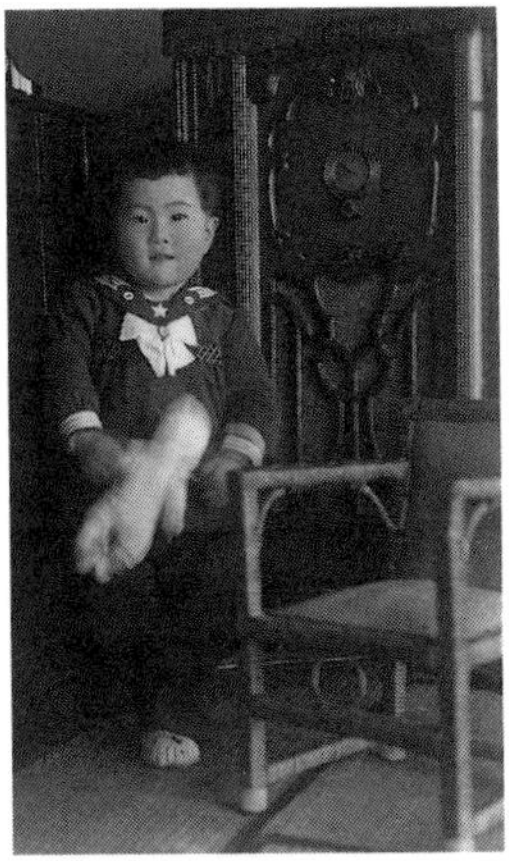

父の自慢のプレイヤーとレコードキャビネットの前での千草（4歳頃）

父は、会社の中で地位が上がる度に転勤し、私が生まれたのは大阪でした。その後、敦賀、津、滋賀県へと転勤しました。特に滋賀県の堅田のことはよく覚えています。家は琵琶湖の浮御堂の近くにあり、父と魚釣りをしたり、琵琶湖で泳いだり、毎日のように浮御堂の境内で遊び、楽しく暮らしていました。

父の転勤で中国安東へ

昭和十五年（一九四〇年）、父は満州東洋紡の建設のため満州へ転勤になり、単身で中国の安東（現中国の丹東）へ行くことになり、私たち家族は一年遅れの昭和十六年五月に安東へ行きました。私が五歳のときでした。

安東の生活は、はじめのころは楽しいものでした。

家は兜山の麓にあり、私は自然が好きで、この山が大好きでした。今でも「故郷」の山と思っています。兜山は、海抜四〇〇メートルほどしかない山ですが、麓にはアカシアなどの木が繁り、その上の唐松林を抜けると突然の岩山です。それを登るのはとてもおもしろく、頂上からは鴨緑江が間近に見え、その先には、朝鮮の新義州の街が広がっています。この山は、今は兜山ではなく、中国人が元から呼んでいた帽鬼山（モウクイサン・鬼の帽子の

中国安東の兜山、手前は鴨緑江

山）と呼ばれていて、市の公園に指定されています。

兜山は、春には、白いアカシア、夏は赤いヤマユリなど、秋には女郎花《おみなえし》や吾亦紅《われもこう》などいろいろの花が咲きみだれ、格好の遊び場でした。お天気の良い休日には、毎日のように頂上まで登っていました。妹をおんぶし、岩登りでは、妹のおしりを持ちあげ、持ちあげ登りました。

翌年、私は、在満兜国民小学校の一年生になりました。学校までは、四キロもあり、その年の冬は寒く、道路脇の雪の吹き溜まりに何度も落ち、涙でくしゃくしゃになりながら、六年生に手を引かれて通いました。

戦争は始まっていたのですが、まだそのころは、それまでとまったく変わらない生活が続いていました。

　父は九州育ちで、家事には何一つ手を出さず、会社から帰る靴音がすると、家族全員で「お帰りなさい」と玄関に出て手をついて迎えなければなりません。帰宅すると和服に着替え、クラシック音楽を聴いたり、囲碁を楽しんだりしていました。

　子どもたちには優しくて、クラシックの音楽をかけて、私たちに好きなように踊らせたり、毎日のようにたくさんの本を読んで、お話を聞かせてくれたりしました。当時、本は十分ない時代でしたので、父は、「黒いワンワンと白いワンワンのはなし」として、そのつどいろいろなお話を作り、聞かせてくれたことも懐かしく思い出します。

　私に囲碁を教えるといって、碁盤の前に座っていると、すぐに母が怒り出し、「女の子に碁など教えたらお尻が重くなって家事はできないから、やめて！」と、父と喧嘩になり、とうとう父も教えるのをあきらめてしまいました。

　母は、お嬢さん育ちにもかかわらず働き者で、父のように課長級の家では、中国人のお手伝いさんがどの家にもいましたが、母はお手伝いさんを雇わず、なんでも自分でやりました。朝に子どもが起きるころには、トイレは拭き掃除もしてあり、いつも白い割烹着を

安東に転勤した頃の私の家族（父の隣が千草、後ろは勝子叔母）

着て、きれいでした。父とは性格は大違いでした。私は愚図な子でしたので、いつも母に叱られて、怖い母がきらいでした。

しかし、こんな平和で楽しい暮らしは長くは続きませんでした。

その年、昭和十六年十二月八日、真珠湾攻撃のニュースとともに、日本は太平洋戦争に突入しました。このニュース放送はよく覚えています。そして平和な家庭は、戦争のためにたちまち壊れてしまいました。

私が三年生の秋ごろだったと思います。大阪から母の姪が、父の部下との縁談があって、わが家に来たのです。この時から、家族の苦難が始まりました。

この縁談は、父が母に実家のことや、自分の弟妹の世話で苦労をかけたと、母の親戚のことを気にかけ、母の姪の縁談を勧めたとのことです。しかし、この縁談は、相手の人に召集令状が来たため実現せず、戦況がはげしくなるなか、姪は大阪に帰れなくなってしまい、我が家に同居することになりました。

まもなく、乙種だった父にも召集令状がきました。その日、家族が集められ、父が正面に正座し、赤紙を前にして話しましたが、父が「戦死するかもしれない」と思うばかりで、何を話したのか覚えていません。

終戦間近のころ、いつも一緒に遊んでいた子のお父さんが戦死し、双子の妹を抱いたお母さんとその子が、大泣きしていたのが、今でも目に焼き付いていて、父も戦死するのではないかと不安でした。

父が出征して、一年あまりで終戦を迎えました。あの「玉音放送」があった時、多くの人が集まって放送を聞いていたのですが、大人たちの後ろで聞いていた私には、何を言っているのかまったく聞き取れませんでした。しかし、大人たちは泣いていて、戦争に負けたんだとわかりました。

敗戦ですべてが激変

学校は夏休みでしたが、緊急に登校することになり、学校に行くと、全校生徒が集められ、校長先生からのお話がありました。この校長先生は優しい先生で、多くの先生は、体罰ですぐ殴る、怖い先生が多かったのですが、ちょっと違う先生でした。

みんなに、「これから何が起きるかしれないが、頑張って生き抜いてください」と話され、これまでの話とまったく違っていた印象がありました。実際、敗戦によってすべてが逆転しました。

学校に置いていた、クレヨンや硯などを持ち帰る道に、中国人の子どもたちが出てきて、持ち物を全部盗られてしまいました。道路上には、それまで見たこともない横断幕か掲げられていて、「抗日八年万歳!」と書いてありました。私は、「万歳」は読めましたが、「抗日」の字は読めなくて、家に帰って聞いて、「こうにち」と読むことはわかりましたが、意味は後になって知りました。

日本では、中国に侵略を始めた一九三一年の柳条湖事件から終戦までを、一五年戦争と呼んでいますが、中国では、一九三七年の盧溝橋事件から一九四五年までの八年間を「抗日八年」というのです。当時の安東(現丹東)は、治安はまったく問題ないように感じていましたが、抵抗する組織が活動していたのです。時々、満人が悪いことをして警察(ヤーメン)へ連れて行かれると、鼻から水を入れ、水攻めにされると聞き、私はかわいそうにと思っていました。日本に抵抗した人もきっと含まれていたのでしょう。

父は、幸いにもソ連への連行から逃れ、家に帰り着きました。驚いたことに、まったく人が変わっていました。やせて体力のない父は、鉄砲を担がされて、極寒の訓練中に雪の穴に落ち、今でいう強いむち打ち症だったのか、戦争に負けて、目標をなくしたのか、一日中ぼーっとしているだけの日々でした。何の苦労もなかった父が、奈落の底につき落とされてしまいました。

終戦と同時に会社は閉鎖になり、給料が出なくなると、母は気丈にも家にある着物などを持って中国人街へ出かけ、食料を手に入れるのに必死でした。

私は四年生になっていましたが、もちろん学校はありませんし、妹と昔使った石炭ガラの中から燃える粉炭を篩にかけて集め、粘土を混ぜて豆炭のようにつくり、妹たちの子守をし、食事づくりで毎日を送りました。そのうち日本に帰れるだろうとみなが思っていました。

しかし、この頃から我が家の不幸が始まりました。見合いが壊れた母の姪は、日本の父母の元へ帰れなくなった寂しさもあってか、父へ横恋慕し始め、母が髪振り乱して必死に働いている間に、父とすっかり仲良くなってしまいました。

八路軍に抑留され朝鮮へ

やがて安東には、八路軍が進駐してきて、父の紡績工場を接収し、再開したので、父はなんとか働き始めました。働き始めたのがよかったのか、父の健康もかなり回復してきていました。ところが間もなく、国民党が攻めてきて、父の工場は、朝鮮へ逃げることになったのです。三万人もの人が働いている工場の機械をすべて運びだし、大変なことだったでしょう。

ある日、父は工場から帰ると、父のような技術者が、今後の工場の再建と操業になくてはならないから、一緒に連れて行かれそうだと言って、地下の防空壕に隠れていました。連れに来たら私が玄関に出て行って、「誰もいないと言え」というのです。

まもなく、ドアがたたかれたので出て行くと、女性の副工場長が、軍服姿で銃を肩に掛けて立っていました。そして、一言もなくいきなり私をトラックの荷台に乗せ、走り出しました。着いたところは鴨緑江の橋のたもとで、父たちのような技術者とその家族が集められていました。私は一人きりで取り残され、不安でふるえていました。かなりの時間が経ってから、私が連れて行かれたので、父たちも合流しました。なかには、家族のいない姉弟もいました。

私たちは、トラックに乗せられて、鴨緑江の橋を渡って朝鮮の新義州へ入り、そこから貨物列車に乗せられて、朝鮮国内をどこへ行くのかもわからないまま、二十四日間も移動させられました。途中、貨物列車が止められると、みんな一斉に下車し、ご飯をつくり、谷川で洗濯をしました。まさに地獄のような日々でした。

最後には、牛車に少しばかりの荷物を載せ、小さい妹たちは牛車に乗せられましたが、十一歳の私は乗せてもらえず、牛車に掴まって歩きました。とても寒くて、妹たちを凍死させないよう、道ばたのネコヤナギをこさいで鞭にし、眠りそうになるとたたき起こしながら歩き、ようやく鴨緑江に着きました。

そこは、河幅が一キロほどもあった安東で見慣れていた鴨緑江の上流というところで、川幅は少し大きな川くらいになっていました。牛車に乗ったままその川を渡りました。道の両側には草が生い茂り、イノシシががさがさと大きな音を立てて逃げていくのが見えました。

夜になってたどり着いた先は、朝鮮との国境にある白頭山の麓の長白という町でした。オンドルのある暖かな部屋に着きました。ところが南京虫の大群におそわれて眠れません。その後、各家族にこうしたオンドルのある部屋が割り当てられましたが、南京虫に悩まされ、袋をつくって入って寝る人もいました。

大家族のわが家は、袋をつくる布もないので、毎晩の南京虫退治で、眠れませんでした。そのうち、豆の葉っぱを裏返して布団のまわりにびっしり敷いておくと、豆の葉のがさがさに南京虫が動けなくなるというのを教えられ、やってみると、南京虫は本当によく捕れ、やっとぐっすり眠れるようになり、うれしかったです。

それからは、毎日豆科の葉っぱを集めるのが子どもの仕事になりました。朝になると布団のまわりの南京虫が動かなくなっている葉っぱを集めて燃やし、夜になると、一枚一枚丁寧に敷くのです。

子どもたちは、ストーブで燃やす、小さな木の根っこを掘りに山へ行き、鴨緑江に行って洗濯をし、河原で干して乾くまで遊んだりしました。読む本も、字を書く紙もない生活でした。

家族の崩壊

家の中は、父、母、母の姪のどろどろとした関係が続き、まるで地獄でした。姪は、子どもから見ても、尋常ではなくなっていました。母は、父が毅然とした態度をとれない優柔不断さに耐えきれず、とうとう家を出てしまいました。

母は、残留していた二人の日本人男性の家に行き、煮炊きをすることで生活を始めました。のちにその一人と再婚することになりました。

そしてこの年、父母は離婚し、母の姪が居座り、継母となったのです。私たち姉妹は、継母にこき使われ、いじめられました。私は親を憎みましたが、長女として、妹たちを守るのに必死でした。

　自分や妹たちの着る綿入れをつくり、ぼろぼろになったセーターをほどいて、それに靴下などを解いた糸を混ぜて編み直したり、布靴から下着まで見よう見まねでつくりました。布靴は、近所の中国人の女性が、着古した布をのりで貼り合わせ、それに麻糸を撚って細かくさし、靴底をつくるのを見て、つくりました。このころ、私がどのようにいろいろつくっていたのか、今では思い出すことすらできません。

　しかし、楽しいこともありました。燃料にする木の根っこ掘りに山へ行き、傾斜が四五度ほどある山ですが、それを登り切ると、平らな草原が広がっていて、四季折々に一面のお花畑です。まるで天国に来たようでした。こうした山々が、ずっと連なっていました。ヤマユリのような、名前も知らない見事なお花畑でした。

　父のところには、中国人の青年が、数学を習いに来ていました。紙も鉛筆もないので、庭に木の棒で、数式などを書いて教えていました。中国人青年の多くは、日本語がわかる人たちでしたので、私もそばで見ているうちに、最大公約数の出し方や、平方根の開き方、二次方程式の解き方など覚えてしまい、数学がおもしろくなりました。このことで、のちに中国の中学校に入るとき、試験をされたのですが、数学がよくできたので、いきなり二年生に編入されてしまい、言葉もわからず、字もわからず、大変な苦労をすることになりました。数学は、よくわかっているので、そこで使われる言葉から、中国語になれることができました。

ある日、拳銃を下げて私の家に来て、私をトラックに放り上げた、副廠長（副工場長）が、赤ん坊を抱えて大泣きしていました。ふだん強い女性だったので驚きました。赤ん坊は、いつも少女が面倒をみていたのです。

旦那さんが、四平（新京の近く）の激戦で戦死されたということでした。

そのころ新京（現長春市）でも、国民党との大激戦が続いていたのですが、八路軍は、これらの戦闘に勝つと、破竹の勢いで勝ち続けました。

しばらくして、私たちはまた、安東へ帰ってきました。今度は、朝鮮を通らずに帰りました。工場は再開され、活気に溢れていました。そんななか、一九四九年十月、中華人民共和国が成立したと聞きました。

継母にいじめられる生活は、依然として続いていましたが、少し生活も落ち着き、寺子屋のようなものが開かれだしました。私と同年齢の十三歳くらいの四人が生徒です。本もなく、まともに学校へも行っていない私たちは、急にカタカナとひらがなを書けと言われても、先に習ったカタカナは全部書けたのですが、ひらがなの最後のほうは、くるくるしていて、「ね」だか「ぬ」だかよくわかりませんでした。

ある日、大人が、『宮本武蔵』の十二巻目と『嵐が丘』という二冊の本を見つけてきて、大人の人が読み終えた後、私たちに渡してくれました。私たち四人でこれを読むべく、川の土手に行きルビを頼りに、毎日のように読みました。

『嵐が丘』は難しくて、イギリスの自然は違うなという程度の理解でしたが、『宮本武蔵』は前後の話を勝手に創作して楽しみました。「お通さん」が人気でした。

「読書百遍意自ずから通ず」ということを後で知りましたが、これで字が読めるようになったのです。

しかし、長白に行ってから、安東で再度暮らし始める間に、日本人三十数家族の中で死者が出なかった家はわが家くらいでした。隣の家の女の子も、私たちより上の十七、八歳のお兄さん、お姉さんは結核で亡くなり、あちこちの奥さんや旦那さんも次々と亡くなりました。私も栄養失調で発育不良だったので、やせ細っていて、背も低く、「千草の脚は竹のぽんぽん」とよくからかわれていました。肺炎になり、このときは、父がその当時高価だったペニシリンを手に入れてきたのですが、それを打ったとたんにショック状態になって死にかけ、それ以降、ペニシリンは使えません。しかし、根が丈夫だったのでしょう、なんとか助かりました。

朝鮮戦争始まる

こんななかでも、それなりに暮らしは落ち着いてきていました。そんなとき、朝鮮戦争が始まりました。みんな、対岸の火事を決め込んでいたようですが、中国の義勇軍が、中国人の小学校に詰めるようになりました。兵隊さんは、日本人の子どもも分け隔てなくよく遊んでくれました。

大雨が降ったあと、いつも遊んでいた浅い川が大増水し、みんな見に来ていました。ごうごうと土手近くまで水位の上がった川は、上流から、木や豚なども流れていきます。そんな時、日本人の十歳くらいの男の子が、脚を滑らせ、川に落ちました。私は息をのみ、もうだめだと思ったそのとき、いつも遊んでくれていた、あだ名を「黄シャツ」と呼んでいた兵士が、濁流へ飛び込み、抜き手を切って泳ぎ、流されていく男の子をつかまえ、ずっと下流で岸にはい上がり、助けてくれたのです。この男の子はその家の一人息子で、お母さんが大声で泣いて喜んでいました。

当時の八路軍（人民解放軍）の兵士たちは、素晴らしかったのです。

それから間もなく、朝鮮戦争は激しさを増し、ある日、いつものように、友だちと兜山に登り、「天狗の岩」と名付けていた、平らで鴨緑江や新義州の街が見渡せる岩で、唯一のあそび道具のトランプをしていると、新義州の上空に、アメリカの飛行機（後で知ったのですがファントム）が街の上空にいっぱい襲来して、旋回しながら爆弾を落とすのが見えました。爆弾が、映画で見るように落とされ、あちこちから一斉に火や煙が上がり、恐ろしい光景でした。

私は、爆撃下の人たちはどんなに怖い思いをしているだろうと思いながら、怖いもの見たさでずっと見ていました。飛行機は二〇〇機くらいだったということでした。

ファントムは、爆弾を落とし終わると、電柱すれすれの低空飛行をして、機銃掃射で朝鮮の人を追いかけています。息をのんで見ていました。二時間足らずで、新義州の街は焼け野が原になりました。

翌日、社宅の前を、前日の爆撃でやられた人たちが、夜中に鴨緑江を渡って逃げてきて、長蛇の列で歩いていきます。まるで「お化け」の行列で、ナパーム弾にやられ、服はぼろぼろ、腕の肉がはげてぶら下がり、白い骨が見えている人もいました。

「アイゴー、アイゴー」と泣いています。誰かが水をほしがっているというので、バケツに水を汲んで持っていくと、「がぶがぶ」と飲みました。中国側で用意した収容所に向かっているとのことでした。

日本に帰って原爆の絵を見たとき、そっくり同じだと思いました。ナパーム弾より原爆は、規模は格段に大きいのですが、焼けただれ、皮膚も垂れ下がった姿は同じです。

やがて朝鮮戦争は、安東にとって、対岸の火事どころではなくなりました。

ある夜、何か大きな音で、ガラスがびりびりと鳴り、つづいて「ドカン、ドカン」と爆弾が落とされ、飛び起きました。その後爆撃はなく、翌朝になって怖いもの見たさで、その跡を見に行きました。わが家から二キロくらいの畑の中に、大きな穴が一五もあいていて、直径が一五メートルもあると話していました。そのときに、豆腐屋さんの家に爆弾が落ちて、一家全員亡くなったとのことでした。

まもなく、また工場は中国奥地のジャムスに移転することになり、今度は、瀋陽、ハルビンを経由して、ジャムスにいきました。私たちを乗せた列車は、志願兵を乗せて朝鮮へ向かう列車と行き交いながら進みました。

ジャムスに着くとまもなく、工場の建設が始められ、父は技術者の中心として働き始めました。しかし、安東にいた頃の日本人技術者は、ばらばらの配属になって、ジャムスに来たのはわずかな人たちでした。私の仲良しだった友だちは一人もいなくなり、地獄のような家に、姉妹四人がいるしかない状態になりました。

継母は、いつもドテンと座って、仕事を言いつけるばかりで、気に入らないと手当たり次第に物が飛んでくるので、私は、彼女がわめき始めると、妹たちに、包丁や斧などを持って逃げるように言っていました。

特に冬の水汲みはつらいもので、つるべの付いた井戸のまわりは凍りついていて、「富士山」のようになっていて、立って汲むと井戸に落ちそうで、這いつくばって、顔だけ井戸の上に出して、つるべで水を汲むのです。つるべが井戸の縁に当たって、水は少ししか汲めません。どうにかやっとくみ上げて、つるべを凍り付いた「富士山」からそろそろ降ろし、桶に入れ、天秤棒で担いで家に帰ります。家まで三〇〇メートルほどはあり、ふらふらしながら歩いて、やっと汲んだ水を、滑って転んで流してしまったこともあって、辛かった思い出です。私は十五歳でしたが、栄養失調でほんとにやせて小さい女の子でした。

ある決意

父は、家がこんな状態になっているのに無関心で、仕事も工場の建設で、大変だったのかもしれませんが、私は、日に日に怒りが募り、私でも死んだらわかるだろうと思いつめ、松花江にかかる鉄橋から飛び込もうと決心しました。

松花江にかかる鉄橋に行き、鉄橋をどんどんと歩き、さあ飛び込もうと下を見ると、水がゴーゴーと音をたてて流れています。急に怖くなってしまいました。来たときは、線路の枕木の下に川の流れは見えていたのに、怖いとも思わずにいたのに、怖いと感じたとたんに脚がすくみ、枕木の上を立って歩けなくなり、這って戻ろうとしましたが、列車が来るのではないかとの恐れで、動けなくなってしまい、必死の思いで戻ることができました。

ちょうどそのころ、ジャムスに日本人が来ていることを知った、残留していた日本人が、開拓団で生き残った三人の青年を父の工場で働かせてほしいと連れてきて、父の紹介で働き始めました。十八歳の阿部さん、同い年の横山さん、その十五歳の弟でした。横山さんの弟は、私と同年齢で織布の仕事、兄さんたちはボイラー関係ということでした。彼らから聞いた開拓団の話は、悲惨そのものでした。二つの開拓団が玉砕したといいます。そのとき生き残った青年で、中国人に助けられたそうです。大変な苦労をしてきたのです。

苦労しているのは、私ばかりではないと気づくとともに、私も働きたいと思い始めました。それまで、父には何も言えずにいましたが、思い切って、私を工場で働かせてほしいと頼みました。女は、家の仕事をするものと考えている父は、許さないだろうと予想していましたが、自分の製図引きの見習いをするようにと言われ、烏口に墨を入れて線引きの仕方から始めたのです。

しばらくして、長春に派遣された技術者仲間の子どもたちが、長春には日本人小学校があり、そこで学んでいるとのことで、長春へ行くことになりました。父は、私たち子どもの教育のことを考えていたのでしょう。

私は中国人の女子中学校の二年生に、妹は同じ中学の一年生、その下の妹は日本人小学校の三年生として入学し、ばらばらに寮生活となりました。

それまで日本人の間ばかりで付き合ってきた私たちは、言葉はわからず、勉強もほとんどしていないので、勉強についていくのは大変でした。しかし、継母から解放されたうれしさもあり、それに中国人の生徒たちはみんな仲良くしてくれ、いろいろ教えてくれたので、勉強にもついていけるようになり、毎日が楽しく、うれしくてたまりませんでした。

中国人の友だちが映画を見に誘ってくれ、「白毛女」を見ました。私はその歌が気に入り、三回も見に行って歌を覚え、今でも歌えます。

そのうち、日本人小学校にいた妹は、体が丈夫でなく病気になり、いつも日曜日には、私が看病にいっていましたが、頻繁に行かねばならなくなり、遊んではいられませんでした。病が重くなり、父が連れに来て家に帰りました。

私は、継母が面倒は見ないだろうと心配でした。しかし、父はこの弱い子を特別に可愛がっていたので、生き延びました。

私は、二年足らずで女子中学を卒業し、成績が良かったそうで、長春第四高級中学校に行くことになり、高校生活が始まりました。

高校生活は本当に自由でした。戦前の暮らしが身についている私は、驚きの連続でした。中国の学校は九月から新年度が始まるので、お正月が直ぐ来ました。「過年」(年越し)は、学校のホールで社交ダンス会が開かれ、大賑わい。私は驚いて壁にくっついて見ていました。

後に「文化革命」になり、日本人はいじめられ、まったく自由もなくなったことを考えると、信じられないことです。

ようやく帰国したものの

それから高校生活が半年もしない時に、日本への帰国の話がでて、私たちは準備のためジャムスの家に帰ることになりました。心配していた妹は元気でしたが、一番下の妹の姿がありませんでした。

すぐに近所の中国人の方が、「継母は私たちが学校に行った後、小さくて学校に行けなかった妹をさんざんいじめたので、公安局（中国の警察）に訴えられて、本当は収監されるところだったが、実の母に引き取ってもらうことになって、行ったよ」と教えてくれました。

父が建設で働いた工場は、「第二紡績」と呼ばれていました。ジャムスの人たちは皆この工場で働きたいと思っていました。私たちが帰国するとき、家族を含めた帰国者全員を招待し、盛大な歓送会を開いてくれました。

残留孤児の横山さん兄弟、阿部さん、妹を引き取った母とその夫の一家も、一緒に引き揚げとなりました。

一九五三年（昭和二十八年）二月、私たちは、ジャムスを出発し、錦洲などにとどまり、その後一ヵ月ほど天津にいて、そこから興安丸に乗り帰国の途につきました。二日後の一九五三年五月半ばに舞鶴港に着きました。引き揚げそのものは、めぐまれたほうだと思います。

しかし、戦後満州からの引き揚げでは、二十四万五千人が命を落としました。この数は、沖縄戦での死者二十九万人に次いで多く、広島の原爆の死者や、東京大空襲の死者を上回るものです。帰国後も引揚者には、さまざまな苦難が襲いかかりました。職もなく、差別されました。

舞鶴に着くと、父は転勤で中国に行ったというので、帰国後は大阪の東洋紡本社に引き続き勤めることになりました。私たちも大阪で暮らすものと思っていましたが、父は、九州の祖父母のお墓参りに、私たち三姉妹を連れて行橋に行きました。ところが墓参後、私たちだけを残し、叔父の家で暮らすようにと、置いたまま大阪へ帰ってしまいました。父は、私たち三人と継母とは一緒に住むことはできないと考えたのです。

行橋の家は、遺産として父が継いでいたものですが、叔父が住んでいました。それで、私たちを押しつけたのです。特に義叔母にとっては、突然に招かれざる娘が三人も来たのですから、私たちに冷たく、三番目の妹は、特に同年の叔父の息子にいじめられ、そのうえ、病気ばかりして、私は心配ばかりし続けました。

父と継母の間には、二人の弟も生まれていて、なぜ私たち三人だけが叔父の家に引き取られることになったのか悩みつつ、戦後の私たちの暮らしは激変しました。

私の家族が壊れたのも、まじめ一方だった父を狂わせたのも、戦争の影響でした。戦争は、私の生活にさまざまにのしかかり、押しつぶされそうになりながらも懸命に生き抜いてきました。

私は、まもなく十八歳になろうというときでしたので、まず働きに出ようと、職安へ行きました。しかし、中学は卒業したといっても、義務教育も終わっていないし、正規の学校教育は小学四年生の八月までしか受けていないうえ、二年あまり中国人の学校に入りましたが、日本の新聞もろくに読めない私には、就職は斡旋してもらえませんでした。

困っていると、自転車に乗れることを条件に、ガリ版印刷所で働けると紹介してくれる人がいて、私は、一日で自転車乗りを覚え、就職しました。だいぶ上手になったと走っていたころ、幅が一メートルほどの狭い橋を渡り切れず、そばにあった家の木の壁に手をついて止まると、そこにすっぽり穴が開いて、ご家族が夕飯を食べているところでした。ご主人に大目玉をくらい、最終的に叔父に解決してもらいました。仕事は、ガリ版についた蝋を石油で洗ったり、製品の配達や、紙を数える等の雑用でした。一ヵ月ほど働きましたが、店主が女をつくって逃げてしまい、初めての給料はもらえませんでした。

伊豆武叔父

中国安東で暮らしているころ、父の妹の勝子叔母が一緒に暮らしていました。私は「姉ちゃん」と呼んでいましたが、その勝子叔母さんが、お嫁に行くことになりました。母、叔母と一緒に、朝鮮の新義州まで婚礼衣装を買いに行き、きれいなものを見るのが楽しいひとときでした。

勝子叔母の結婚相手の人は、九大を卒業した満州国のお役人で、二人で家によく遊びに来ていました。お酒が好きなおもしろい人で、私は子どもなのに、いつも一緒の席にいて話を聞くのが楽しみでした。

酔っぱらって、人力車に乗っての帰り道、「日本人はいつもふんぞり返って人力車に乗っている、たまには車夫を乗せて自分が引いてやろう」と、無理やり車夫を乗せ走り出したら、車夫が大声を出して、「止めてくれ、見つかったら大変だ」と懇願する。叔父はそれに気がついて止めたが、そのあと車夫と仲良くなったとか。

当時の伊豆武叔父

「日本人は、満人を人間扱いしていない。街を歩いている若いのを、有無を言わさず船に乗せ日本へ連れて行く、大豆などを積み込むのと同じ」などとよく言っていたことが、耳に残っています。満州の役人として、そんな仕事に疑問を感じていたのでしょうか。

当時の日本人の考え方とは少し違っていた大らかな叔父は、その後、河北省の承得という町へ、転勤（左遷？）させられましたが、これが幸いして、叔父は敗戦後の刑を免れたと聞きました。叔父と同僚だった満州国の役人をしていた多くの人が、戦後、罪に問われ、殺された人もあったと聞きました。

その後、叔父はシベリアへ抑留され、重い結核になりながらも無事日本へ帰国できました。

一方、叔母のほうは、承得からの帰国は大変で、子どもを亡くし、命からがら帰国しました。帰国後、叔母は洋裁学校を開いて生計を立て、叔父の帰国を待ちました。昭和二十四年に叔父は帰国しましたが、すぐに結核療養所に入り、長く療養生活を送りました。

叔父は療養所から出たのち、八幡市役所に職を得ることができましたが、いつまた結核が再発するかしれないというので、叔母は行橋で洋裁学校を続けていました。

私たちが行橋に着いた一九五三年当時は、戦後の不況のなかで、仕事もままならなくて、叔母が手をさしのべてくれ、叔母の家の手伝いをし、その合い間に洋裁を習うということになりました。

あのおもしろい伊豆武叔父は、共産党のシンパでした。その頃、結核は小康状態で、家にいて、ソ連から帰ってから生まれた娘をむちゃくちゃかわいがって、その面倒をみていました。私たちも可愛がってもらい、「可哀想にもなあ、これもみんな戦争が悪いのだ」と口癖のように言っていました。

そのころ叔父は、若い人たちを集めて社会科学の勉強会を開いていました。マルクスの『共産党宣言』や『賃労働と資本』『経済学教科書』などを学んでいました。勉強会は、洋裁学校の生徒が来ない夜の教室で開いていて、私も誘われて参加しましたが、中国語もまだまだ、日本語も新聞が読めないような当時の

伊豆武、勝子夫妻と千草（1988年8月）

学力では、よくわからないままでした。

しかし、あの戦争に反対したのは日本共産党だけだったこと、中国で、共産党が政権をとって以降、中国人の暮らしが、貧しいながら、みるみる良くなっていったことを見ました。畑には多くの農民が出て、旗を持ち、鐘や銅鑼を鳴らし、赤いひもで農地を配分しているのを見ました。あの汚かった街はきれいになり、後で「蝿が一匹もいなくなった」ということを聞きました。

私は、当時の中国共産党が大変立派だったことを知っていましたし、伊豆叔父や周辺の党の人たちは、不当なレッドパージをくらうなかでも頑張っている素晴らしい人たちでした。

私の父は、八路軍に抑留され、日本に帰れないので、共産党の「パーロ」を憎んでいました。しかし、「パーロ」のやることは納得できるものだったので、悪口は少なくなっていきました。

中国の学校でも、戦前、日本が中国人にしたことは許せないといいますが、私たち日本人の学生には、先生も生徒もみな、差別するどころかやさしくしてくれました。そんなことから、私たちにとって共産党は正しいのではと思うようになっていました。

しかし、当時の党員は、生活苦で大変、にわか紙芝居屋だったり、パチンコ屋の玉洗いなどをしているという人などです。

当時は共産党の綱領改定問題を、徹底的に議論していた時でした。会議に行くと、議論百出、私にはわからないことばかり、やめようと思うようになりました。叔父は、「辞めるのはいつでも辞められる。共産党は必要なのだから、いろいろあってもよいほうに進むから」というので、思いとどまりました。私は勉強は好きでしたし、みんなについていくため、定時制の高校に入りたいと思うようになり、叔父も考えてくれていました。

そんなころ叔父は、「自分は、大酒飲みだから共産党には入れない」と言って、私に入って活動するようにと勧めてくれたので、十八歳になって共産党に入り、レポーターなどをやっていくようになりました。

伊豆叔父の社会科学の勉強会に参加していたころ、吉松達喜さんも参加者の一人でした。当時は、レッドパージの後でしたが、国労の人や西鉄バスの運転手さん、ソ連からの帰国者などが参加していました。しかし、私と吉松以外はみな年上で、若い者は私たち二人だけでした。学習に及び腰の私に対して、吉松は一生懸命に教えてくれるのです。「剰余価値とは？」など、紙に図で書いて教えてくれました。もともと勉強は好きでしたから、広い視野で物事が考えられるようになると思い、だんだん熱が入っていきました。

吉松のほうは、私に恋愛感情をもつようになったようですが、私はよい兄さんというか、友だちができたように思っていました。

吉松は、生まれて七ヵ月のとき、八幡製鉄所に勤めていた父親に死に別れていますが、十七歳と十二歳年上の兄と、母の優しい家族で可愛がられて育てられました。

教員をしていた二番目の兄の影響で入党を決意し、高校にも行かずに党の活動を始めたのです。中学では優等賞をもらって卒業し、あまり自慢しない人でしたが、スポーツは万能、陸上や野球は素晴らしくうまかったそうで、「背丈がもう一〇センチ高かったら、プロ野球に行けた」と言って自慢していました。それは本当のようで、同級生も言っていました。

そしてこのころから、吉松と私は付き合うようになっていましたが、ある日、突然に吉松から、「好きだから結婚してほしい」と切り出され、私は吉松をいい人だと思っていましたが、「結婚」などは思ってもいませんでしたので、「今はだめだ」と返事すると、もちろん今すぐではないといいます。その熱心さに押されて婚約することにしました。十九歳の時です。

実母と再会

私の実母は、再婚した夫との間に二人の子どもがいましたが、その夫は、帰国するや、元の仕事と元妻のところへ帰り、母は、中国で引き取った私の妹を含め、子ども三人を連れて母の兄（伯父）を頼り、小牧市で暮らし始めていました。

伯父のほうは、戦前、台湾製糖の重役とかで、大変なお金持ちでしたが、戦後のそのころはすっかり落ちぶれて、母はなんとかしなくてはと働いていました。そして私に、小牧へ来て助けてほしいと言ってきました。

私は、父に捨てられたと思っていましたが、行橋での暮らしがやっと気に入り、見通しも立ったところでしたので、母のいる小牧行きにはためらいました。しかし、いじめられている妹たちのことを想い、母と一緒に暮らせるようにさせてやりたいと考え、小牧に行くことを決心しました。

その間、すぐ下の妹は、前進座の公演を手伝うようになり、座の人に一緒に連れて行ってくれるよう頼み、前進座とともに、行橋を去りました。私は、妹のように一人で自由に行動することはできません。この妹をうらやましく思いました。

私たちが小牧に行くと、母は引き揚げ者住宅に住んでいました。そこで、近所の人から名古屋の日中友好協会を紹介され、私は事務所で働き始めることになりました。と同時に、地元の明和高校定時制の一年生に編入させてもらい、二学期から通いはじめました。

日中友好協会には、名古屋大学や南山大学の学生がよく来ていました。その人たちが、英語の勉強を助けてくれました。中国では、英語を習ったことがなかったので、中学校の英語の本を探してきてくれ、それにカタカナで読み方を書いて、時々読んでくれたりしました。高校の英語は必死で丸暗記して、なんとか試験は乗り越えました。

苦労して一年が経ち、二年生になったとき、母が食堂を開くと言いだし、勤めも学校も辞めて、手伝ってくれと言いだしました。

私のほうは、看護婦か保母、かなうなら医者になって、無医村で働きたいと思っていました。四人姉妹の長女として、父は小さいころから私に、医者になるようにといっていました。そのころから、自分は医者に向いていると思い、医者になろうと思っていましたですから、学校を辞めることはどうしても納得できませんでした。しかし、母と伯父は、執拗に食堂を開けば夜が忙しい、お金もないのに医者にはなれない、家族六人食べていかなくてはならないと言い募りました。

そのころ、母は生活保護を受けていましたが、早く生活保護を止めたい一心でした。親戚の結婚式にも呼んでもらえないことを悔しがっていました。私が働いても生活保護費が減らされるだけで、ほんとに貧しい生活でした。それで、涙をのんで日中友好協会の職場も、学校も辞めて、朝から晩まで店で働きました。店を出すお金は、市の生業資金を借り、不足分は伯父が工面してくれました。

県道に面した店なので、トラックの運転手さんたちが、朝食を食べに来ます。朝四時起きして朝食をつくり、夜は、お酒を売らないと店は儲からないので、遅い夜は母が担当しました。当時は便利な電気釜はなく、鍋底にうっすらお焦げができるくらいに炊かないと良いご飯になりません。そこで家族は、毎日お焦げばかり食べ、残り物のおかずを食べていました。お焦げもおいしいのですが、毎日食べていると胃が悪くなって、お湯を入れて煮るとブワッとふくれてしまいます。今でも時々思い出します。

母は料理が上手でしたので、店はだんだん繁盛しました。母と二人では手がまわらず、人も雇えるようになりました。

しかし、私の母への不満は日に日に募っていきました。

母は商売上手でしたが、なんでも自分の思うとおりにする人で、彼氏もでき、わがままでした。私がどんな思いで学校を辞めたかなど、少しも考えないで、お金を稼げばなんとかなるというばかりです。

母も大変だとは思っていましたが、私に我慢ばかり強いる母を恨みだしました。そもそも、母が我慢して、何が何でも、あの姪を家から追い出して、私たちを守ってくれなかった、と思い続けていたからです。

父母が違ってもみんな仲よく毎年のように旅行へ(2012年)

母はその後、妹たちを意のままにし、今でも姉妹が集まるとその話が出ますが、商売のことで頭が一杯で、娘たちの気持ちを気にかける余裕もなかったのでしょう。妹たちも商売を何かと手伝い、みな我慢してきたのです。四番目の妹は学校の勉強ができたので、先生が家に来て、師範学校に行けば学費もかからないと勧められましたが、母は「女が先生になってどうする、気位が高くなるばかり」と断り、栄養士にして、ずっと母と一緒に働くことになりました。

その後、店は三店舗に増やし、母はおしゃれをして海外旅行を楽しみました。子どもたちは、お金の苦労はなくなりましたが、辛抱させられました。

八幡へ——結婚

母の食堂は順調で、母一人でも続けられると考え、私は、行橋に帰ろうと決心しました。私が小牧に来てからも、吉松からはたくさんの手紙をもらいました。今でも、箱一杯の手紙をとってあります。

小牧に来て一年ほどもしたころ、吉松が私に会うため小牧に来ると言い出していました。私はそのことには反対でした。吉松が小牧に来たら、二人とも母の言いなりになりかねないと思っていました。私は、吉松を迎えに九州へ行くと言って家を出て、そのまま小牧へは帰りませんでした。その後は、母とは長い間、絶交状態が続きました。

九州へ戻ると、私はすぐに八幡高校の定時制の二学年に復学しました。

そして、もうすぐ二十一歳になるとき、吉松と結婚しました。仲人は伊豆叔父夫妻でした。伊豆叔父は、結核が良くなり、そのころは八幡市役所に勤め、八幡にいました。吉松の実家も八幡です。

叔父は吉松を大変かわいがっていて、よく一緒にお酒を飲んで大声で話し合ってご機嫌でした。結婚当時、叔父は私に「結婚は建設だ。あんたたちはしっかりしているから、いい家庭ができるよ。努力が大切」とよく励ましてくれました。

吉松は、私が医者になることに賛成で、協力すると言ってくれました。

吉松達喜と結婚した頃(1956年)

しかし、私たちは結婚はしたものの、吉松には定収がありません。八幡の赤旗新聞の分局の仕事で、八幡中を自転車で走りまわっていても、お金はいくらにもならず、やりきりの土方をしてお金を少し持ってくる状態でした。

私が市役所の臨時職員や本屋

で働いても足りないので、掃除会社で高いビルの窓ふきなど、少しでもお金になる仕事をしました。その一方で、吉松の兄の家の山で養鶏を始めました。新しい卵はその当時大変喜ばれ、良い収入になりました。鶏糞を畑に入れてキャベツや、当時珍しかったカリフラワーを作り、卵とともに売りに回りました。その後、掃除会社を辞め、従兄がやっていたペンキ屋に長く勤めました。ペンキ塗りの仕事の収入は、とてもよかったのですが、男の仕事です。鉄の町・北九州では、男性が兵隊にとられた後、左官の手伝い、溶接、ペンキ塗りなどに女性が働いていました。大きなビル、橋の鉄筋などの溶接カスを叩き落とし、

生活のため養鶏を始めた

定時制高校の卒業を八幡市長から表彰された(1958年)

ベンジンで拭いた後、赤や朱色のさび止めを塗るのです。時には、洞海湾の岸壁にあるクレーンの塗り替えや、若戸大橋の塗り替えでも、低いところをやりました。ペンキだらけの服の洗濯はひと苦労でしたが……。

こうしたいろいろな仕事をしながら、二十三歳で八幡高校定時制を卒業しました。

当時の定時制は、戦争のために中学を中退した人や、家が貧しく昼の学校に通えない人が多く、九大に全日制から何人、定時制から何人合格と、実力の差がありませんでした。

このとき、結婚して定時制に通い、首席で卒業したというので、市長賞をもらい、これが新聞に報道されたりしました。

高校の先生は、九大の医学部を受けることを勧めてくれましたが、私が英語に自信がないと言いますと、山口大か長崎大なら大丈夫と言われましたが、吉松の仕事もあり、家から通える九大を受験しましたが、案の定落ちました。英語ができませんでした。一浪して英語を徹底的にやることにし、養鶏のほうも徐々に増やしていたので、仕事を辞め、養鶏だけをしながら勉強していました。

全生連の活動に没頭

そのころ、共産党の地区委員長から、私に全生連（全国生活と健康を守る連絡会）の活動をするように強く要請されました。

私は、すぐに断りました。しかし、当時八幡市には、筑豊方面の炭坑の閉山に伴う困窮者が多く来ていて、若い人は再就職ができましたが、高齢者や落盤事故に遭うなどした人たちは悲惨な生活をしていたのです。

地区委員長は、これらの人々の生活向上のために働くべきだと強く言って、「医者になるのも貧しい人の役に立つためだ」と言っても、本人の意思などはまったくの問題外、こんなに多くの人が困っているのに放っておくのか、と聞き入れてくれません。

私が、「自分に適していると思う仕事をしたいのだ」と言おうとも、立身出世のためと思われているようでした。しかし、「地区委員長の決定には従うべきだ」と考え、「全生連」の活動に入ることにしました。

現代の共産党なら、こんなむちゃな指導はないと思います。間違った指導でした。

しかし「全生連」の活動を始めると、困窮者の家庭を訪問したり、市役所へ生活保護の申請に行ったり、休む暇もありません。

ときには、生活保護家庭の子どもが県立高校に入れるよう勉強を教えたりもしました。それは、県立に入れないと生活保護が打ち切られるからなのです。

当時、「要求」にもとづく活動ということを勉強し、考えると、つぎつぎに必要な問題が生まれ、一生懸命とりくみました。こうしているうちに、仕事にだんだんやりがいが感じられ、多くの人に喜ばれるようになりました。

当時の私は、長男が生まれて二歳になり、私の生活は、夕方、保育園に長男を迎えに行って、おんぶし、買い物をし、汚れたおむつまで持って、バスに乗って家に帰るのですが、ちょうど製鉄所から帰る通勤の人と一緒になり、満員のバスになかなか乗れず困っていました。

そこで私は、バス停の壁に「増発について話し合いませんか」とビラを貼り出し、同じように困っている友だちに声をかけ、小学校の教室を借りて、集まろうと呼びかけました。するとびっくりすることに、教室にはいっぱいの人が集まったのでした。

私が、「呼びかけたのは私です」と名乗ると、会場は最初、若い女に何ができるかという雰囲気でした。私は当時二十五歳、「ものすごく困っているので、なんとかしてほしい」と心情を訴えました。

すると、なんとかするべきだと、だんだん会場は盛り上がり、みんなで西鉄バスの営業所に陳情に行こうということになりました。

環境改善協議会の役員として挨拶する千草(1964年)

みんなの要求運動で実現した橋の落成式で挨拶する

西鉄バスへ行くと、バスの運行を決めるのは、市議会の中にバス運営協議会というのがあって、そこで決まるというのです。それでは知っている議員さんに頼もうということになり、共産党の議員さんも入って大奮闘してくれました。こうしてバスの増発が実現し、さらに路線も延伸し、本当に便利になりました。

こうしたなかで、一世帯ごとに年間一〇円を出し合って、三自治会で環境改善協議会が結成され、ほしいと思っていた橋もかかり、川を挟んだ家々の行き来が楽になるなど、不便だった地域がよくなりました。

延伸されて作られた新バス停に、地域の方が共産党のポスターを張らせてくれていました。私はいつも長男をおんぶして職場への行き帰り、途中で会う人たちはみんなニコニコ笑顔を送ってくれ、貧乏でしたが、楽しく暮らしていました。

東京への転勤

八幡での活動が充実していくなかで、夫が東京へ転勤するということになりました。私が在籍していた全生連関係の方々はみな暖かく送り出してくださいましたが、困ったのは、私が中心になってやっていた無認可保育所のことでした。保育所に入れず困っていたお母さんと開いた保育所ですが、専門家もいないなかで、今考えると危ないことをしていたなと思います。

当時、北九州から初めて国会議員に当選した田代文久さんの奥さんが、保育所を開いていて、とても理にかなった田代先生のお話に感激し、その現場を見学させていただき、そのご指導のもとに、無認可の保育所をすすめていました。先生は、ピアノなどは後でよいからと、私たちに通信制の保育の講習を受けるように言われ、何人かで勉強していました。なんとかうまく進んで、子どもたちは三〇人くらいはいたのです。

しかし、その無認可保育所の場所が、崖下に近い危険な場所だという指摘を受け、移転するようにと市役所から言ってきたのです。移転先はみつからず、私も欠けるとなると、大変だということになっていました。そこで、いったん子どもたちを、市の保育園に引き取ってほしいと交渉しました。幸い子どもたちは全員、市の保育所に入れてもらうことができホッとしました。お母さんたちからの苦情はありませんでした。

一方、私の長男の問題もありました。長男は弱視児で、当時、北九州盲学校に通っていました。しかし、当時の障害児学校の教員の配置基準は厳しくて、一学級一二人にならないと先生を二人にしてもらえないという状況で、全盲で点字を教える生徒と息子のように普通の字で教える子も一人の先生が教えられていました。点字の子に手を取られていると息子たちのような子は、じっとおとなしくしていることができなくて、教室中を駆け回っていました。先生はもう大変でした。息子は特に暴れん坊だったようで、親から注意してほしいと何回も言われましたが、効果はなく、先生を増やすよう、校長に何回も頼んでいました。

私は、息子はなんとか普通学級でついていけるのではないかと思っていましたが、当時の環境ではできませんでした。東京に行くことが決まったある日、東京の葛飾区に弱視学級というのが作られて、普通の子と一緒にできることは普通学級で学び、地理などわからない学科は、校内の弱視学級で学べるというのを知り、なんとか通わせたいと、先に上京していた夫に、葛飾区のその学校の近くに家を借りてもらいました。眼の程度と知能指数を参考に入学を決定するというので、ダメかなと思いましたが、許可されました。

その後の長男は学力も付き、東京教育大（現筑波大）付属盲学校に進み、いまは理学療法士として働いています。

みなさんは、美濃部都政のおかげと喜んでいましたが、私も目を見張る思いでした。政治の力を強く感じ、東京への転居を、希望をもって進むことができると思っていました。

おわりに

夫は、今年の二月七日まで愛犬ピースと散歩できましたが、三月十三日に、自宅で私に看取られて亡くなりました。六十六年間、スタート時点と同じように、私と友だち夫婦で、変わることなくやってきました。二人の共通項が多いのか、仲良くやってきました。

彼があまりにも家計のことなどを私に任せきりにして活動するので、文句を言うこともありましたが、彼の真正直、誠実さは素晴らしいものだと思っていました。

子どもが大きくなってから、「お父さんはいつまでも子どものような人だね、お母さん大変でないの」と言うのです。

「あの純粋さは素晴らしいことよ！」私の返事です。

夫の吉松が亡くなり、本の出版をやめようかとの思いが強くなることもありました。しかし、夫が自分の手で作りたいとあれほど言っていたのに、辞めれば残念がるだろうなという思いが、ぐるぐるまわりをしていました。

夫に認知症の徴候を感じ始めたころ、光陽メディアにお願いしてはと勧めても、頑として「嫌だ！　自分でやる」と言って聞かなかったのです。

夫が最終的にはお願いするといっていた夫の知人がいた光陽メディアへお願いし、できるものなのか相談に乗っていただきました。

ベテランの編集者だとご紹介いただいた谷井和枝さん、私のつたない文章を送り、見ていただいたところ、「ああ編集とはこうゆうことなのか」と納得することばかり、心から信頼できるもので、元気がでてきました。そして、「ここまで書いていたのなら、吉松さんに見せてあげたかったですね」と言ってくださり、私の思っていたことを言ってくださいました。

東京に出てきてすぐ入学した法政大学（通信制）で机を並べた、同じ主婦の方と連絡をとり合ってきました。忙しくて、頻繁にはお会いできなかったのですが、私たち二人は、勉強がしたくてもできなかったと、お互いに意気投合し、励ましあってきました。

その後、彼女は書道家になり、筆名に「千草」を使わせてほしいと頼まれたのです。「なぜ?」と問いますと、踏まれても立ち上がるあなたは、自分と同じだからというのです。彼女は随筆も俳句も堪能で、筆名の千草で『憧憬』という本を出版しました。

最近、彼女が私にくれた、

懸命に生きて悔いなし千草かな

と書かれた額に目が留まり、どうしているかと、近況を聞きたいと思っていたところ、訃報が届きました。『憧憬』を読み返し、夫が亡くなったことも話したかったのに、まったくがっかりでした。でも、私たち二人とも「懸命に生きた」世代です。

結局、私は希望する医者にはなれませんでした。私の思いは強く、努力もしましたが、その願いは、まず親につぶされ、共産党の誤った指導につぶされたともいえます。しかし、やがて孫娘がかわって私の願いをかなえてくれ、無念を癒してくれています。

この本ができれば、私たちをこれまで支えてくださった皆様への感謝を伝え、懸命に生きた時代を孫子にも残し、二度と再び戦争を起こさせない、人々を不幸にする政治をやめさせたい、との思いは募ります。

戦争は多くの人の命を一瞬にして奪い、病気にし、財産をなくすなど、耐えがたい被害をもたらします。私のように家庭の崩壊により、真綿で首をしめられるような苦しみにみまわれることもあります。戦争の被害はさまざまですが、二度と戦争の惨禍がもたらされるようなことがあってはなりません。

この道一筋に生きようと努めた残された人生を、今後もできることをやりながら、進んでいきたいと思っています。

二〇二〇年七月

夫と満蒙開拓記念館にて、残留孤児の帰国に尽力した山本和尚の長岳寺を訪ねる（2016年）

第五期目	一九八七(昭和62)〜一九九一(平成3)年	1987.12	古利根埋め立て問題　市民からの手紙に返事をしたのは吉松議員のみ
		1988.8	古利根守る会が「埋め立て許すな」の署名運動　吉松議員が最初の提唱者
		1989.1.18	市長選挙　大井一雄当選
		1989.4.1	我孫子駅北口駐輪場開設　無料化を市に要求　共産党岡田議員
第六期目	一九九一(平成3)〜一九九五(平成7)年	1991.3	アゼリアあびこの建設を大井市政が提案、約100億円の借金でつくる提案に吉松議員が先頭に立って反対
		1993.5	白山中学校で中学校給食開始　3期目から市民運動と一体で取組実現
		1994	アゼリアあびこの建設、市民運動の反対で断念
第七期目	一九九五(平成7)〜一九九九(平成11)年	1996.3	「県の過剰設備による水の過剰生産の押しつけで使わない水まで買い取る責任はない、県と折衝して止めるべき」水道料金値上げストップを実現
		1996.3	学童保育公営化実現
		1996	一般ゴミ有料化阻止、有料化は減量にならない、94年度資源化率トップクラス。3億1800万円も経費削減。
		1998.4.29	湖北台近隣センター開館　吉松議員建設に貢献
		1998.11.15	我孫子駅にエスカレータ設置（吉松議員の「湖北駅南口にエスカレータ設置」をの、いち早い提案がきっかけ）
第八期目	一九九九(平成11)〜二〇〇三(平成15)年	2000.5.24	降ひょう被害に対応、議員団奮闘
		2001.3.22	湖北駅南口にエレベーター・エスカレータ設置
		2002.2.25	病児保育所「こどもデイルームみらい」を開設
		2002	谷津ミュージアムづくりスタート　谷津に「幼稚園」止めろの最初の提唱者は吉松議員はじめ共産党議員団
		2002.12.3	天王台南口にエレベーター・エスカレータ設置
第九期目	二〇〇三(平成15)〜二〇〇七(平成19)年	2004.11.25	オオバンあびこ市民債発行　古利根を保全するための市民債　古利根を守る運動の結実
		2006	聖仁会病院跡地開発問題に取り組む
		2006.8	乳幼児医療費助成就学前まで実現　一貫して取り組んできた

吉松千草　日本共産党我孫子市議の活動のあらまし

第一期目	一九七一（昭和46）〜一九七五（昭和50）年	1971.6.17	湖北台保育園開園
		1971.11	市議選挙　吉松千草５位で当選
		1972.7	市民プール開設　共産党関根議員が民青の運動を受けて奮闘
		1973.	クリーンセンター操業開始　共産党川村議員が住民説得で奮闘
		1974.3	緑保育園新築
		1974.11.18	老人福祉センターつつじ荘開設　川村議員が活躍
		1975.10.3	根戸保育園開園
		1975	湖北台東小学校の建設が大きな問題に
		1975.1	渡辺藤正市長無投票で再選
第二期目	一九七五（昭和50）〜一九七九（昭和54）年	1975	湖北台東小学校の建設
		1977	湖北台東小開校、湖北小改築
		1979	高い水を押しつける県の方針に対し共産党議員団抗議の先頭に
		1979.1	渡辺藤正市長三選（投票率71.89％）
		1979	湖北駅にエスカレータを提案、吉松議員が最初の提案者
第三期目	一九七九（昭和54）〜一九八三（昭和58）年	1979.11.25	市議選　定数32　投票率66％
		1980.5.2	身体障害者福祉センター開設　東葛地域で初めて幼児言語治療を含む
		1981.1.1	再資源化事業（我孫子式集団回収）開始、共産党吉松議員の提案
		1981	湖北台下水道施設大改造計画に２億円、手賀沼流域下水道を使うことを実現。２億円は不要に
		1981.4.1	手賀沼遊歩道完成　関根議員の提案
		1982.4.12	簡易マザーズホームひまわり園移設開園
		1982.7.1	市民図書館湖北台分館開館　吉松議員の提案
		1983.1.23	渡辺藤正市長四選（投票率58.6％）
第四期目	一九八三（昭和58）〜一九八七（昭和62）年	1983.9.1	富士見橋架け替え完成　住民運動をうけて吉松議員が活躍
		1984.9	ラブホテル建設阻止
		1985.3	汚泥燃料化プラント　助役の不正支出を糾明　吉松議員と、岡田議員が議会発言
		1985.12.3	平和都市宣言　共産党議員団奮闘
		1985.12.8	新基本構想制定（1987年スタート）　憲法を心とした田園教育文化都市

吉松千草（よしまつ　ちぐさ）

1935年７月　大阪市に生まれる
1940年５月　父の転勤で満州・安東へ転居
1941年４月　安東市立在満国民小学校入学
1951年９月　長春市立女子初級中学２年に入学
1952年９月　長春市立第4高級中学校１年入学
1953年５月　中国・ジャムスより帰国
1959年３月　八幡高校定時制卒業
1971年11月　我孫子市議会議員に当選
2007年11月　我孫子市議会議員を退職

• カバー写真提供　板橋一好

千葉・我孫子市議９期36年
決して諦めない　知恵と工夫で住民要求実現を

2020年10月31日

著　者　　吉　松　千　草
発行者　　明　石　康　徳
発行所　　光　陽　出　版　社
〒162-0818　東京都新宿区築地町８番地
電話　03-3268-7899　Fax　03-3235-0710
印刷所　　株式会社光陽メディア

ISBN 978-4-87662-627-4 C0095